青少年播音主持训练系列丛书

朗诵指导与作品精选

Langsong Zhidao Yu Zuopin Jingxuan

张洁 霍焜白 编著

中国传媒大学出版社
·北京·

编者的话

朗诵是一门有声语言艺术。一篇好的艺术作品,不但可以叩击朗诵者本人内心深处的灵魂,使其产生强烈的共鸣,还能使听者获得美好的情感享受,唤起听者对艺术作品的热爱。而且通过朗诵,我们不仅能考查一个人声音的条件和基础,还可以感受到一个人对语言作品的理解能力、语言节奏的把握能力、内心情感的表达能力和作品的再创作等一系列能力。所以在播音员、主持人、影视和舞台表演等艺术专业的面试或者选拔中,文学作品的朗诵都是一项必考的内容。

不过如何选择朗诵材料,如何完整且声情并茂地表达一篇文章,却往往是初学者感到困惑的地方。《朗诵指导与作品精选》是一本综合了诗歌、散文、寓言、小说等各种文学体裁的朗诵作品精选集。在素材的选取上,编者充分考虑了青少年朋友的接受能力和心理特点;同时在全书的体例安排上,根据初学者的学习特点,采取了点面结合的讲练形式。不光有提纲挈领的理论阐释、简单易懂的方法点拨,也对每种体裁具有代表性的文章进行了具体分析和指导,此外还提供了大量素材供学习者练习。既容易让初学者得其门而入,又能使学习者的朗诵水平在短时间内得到明显提升。既适应了时下朗诵艺术爱好者的需求,同时也能满足那些渴望追求梦想年轻考生的需要。

这里需要特别说明的是,我们在书中对一些文章的具体分析和指导,最主要的目的是开启朗诵艺术爱好者和初学者的朗诵智慧,起到抛砖引玉的作用,而不是一种定则和绝对标准,每个人完全可以根据自己对文章的理解进行适当的调整。

目 录

散文朗诵 / 1
  精讲篇 / 3
    谈生命 / 3
    孝心无价 / 5
    读书使生命灿烂（节选） / 6
    路 / 7
    梦里雪山 / 8
    竹叶吹梦 / 9
    只因风花雪月 / 10
    孝心无价 / 11
    井冈山 / 12
    遇到世上最美的爱 / 13
    里格岛的晨曦 / 14
    伞 / 16
    小桥 流水 人家 / 17
    读山品水 / 18
    茶道即人道 / 19
    寂寞是首心灵的歌 / 20
    都江堰（节选） / 21
    遇见 / 22

渴望苦难(节选) / 23
大鱼和小鱼的故事 / 24

练习篇 / 28
四月雨花台 / 28
奔跑 / 29
给我一个解释 / 29
莲在江南 / 31
寂寞的美丽 / 32
感恩母亲恩情 / 32
日月山 / 33
与风相遇 / 34
踏雪寻梅(节选) / 35
真理常常很简单 / 36
毕业(节选) / 37
种花的邮差 / 38
低了就好(节选) / 39
为了那盏温暖的灯(节选) / 40

现代诗歌朗诵 / 43
精讲篇 / 45
在天晴了的时候 / 45
母亲之歌 / 46
多难兴邦——写给汶川大地震 / 47
生命的旋律 / 48
我要给父亲当一回父亲 / 51
奶娘 / 52
既然 / 55
等你,在雨中 / 56
雪花的快乐 / 57
相声专场 / 58

练习篇 / 61
横越大海 / 61
水成岩 / 61

黄昏的和谐　/ 62
醉歌　/ 63
论婚姻　/ 64
秋　/ 65
祖国，或以梦为马　/ 66
对岸　/ 68
航　/ 69
帆　/ 70

童话、寓言朗诵　/ 73
精讲篇　/ 75
爱丽丝梦游仙境（节选）　/ 75
冬天的风　/ 75
减肥腰带　/ 76
真假小白兔　/ 77
种子的愿望　/ 79
兔宝宝　/ 80
两只斗鸡　/ 81
最好的伙伴　/ 82
小母鸡欢欢　/ 83
司机兔兔　/ 85
家狗和狼　/ 86
乌鸦兄弟　/ 87
一只"无用"的田鼠　/ 87
孔雀惜尾　/ 88
学问的好处　/ 89
患得患失　/ 89
螳螂之勇　/ 90
对牛操琴　/ 91
失去财产的守财奴　/ 92
狡生梦金　/ 93

练习篇 / 94

纸上的字 / 94
河流与大海 / 95
笨狼上学 / 95
狐狸和狼 / 96
穷人的幸福 / 97

小说演播 / 99

精讲篇 / 101

立春(节选) / 101
水塔上(节选) / 102
走出沙漠 / 103
把生命送进狮口 / 105
鬼吹灯(节选) / 106
咳嗽天鹅(节选) / 108
活着(节选) / 109
我是一只小小鸟(节选) / 111
凡卡(节选) / 111
乔家大院(节选) / 113
穆斯林的葬礼(节选) / 114
一生太长了(节选) / 115
桃花渡(节选) / 116
刮奖券 / 117
一日三餐(节选) / 118
平凡的世界(节选) / 119
"宽心面" / 120
翻浆的心 / 122
大染坊(节选) / 125

练习篇 / 127

鬼秘图(节选) / 127
你的肩膀上有蜻蜓吗? / 128
大小通吃 / 130
老同学 / 131

与孔雀说话(节选) / 133

我们仨(节选) / 135

红色童话(节选) / 135

我的团长我的团(节选) / 137

泸沽湖的诱惑(节选) / 138

搬家 / 139

致谢 / 141

散文朗诵

散文朗诵提示

散文的表现形式是自由、多样的,写人、画景、抒情……其主要特点是"形散而神不散"。在进行有声语言表达时,首先要观其"形"——通读全篇,理清层次,理解各层之间的关系与含义;其次是抓其"神"——把握全篇的主题和中心思想。所谓"神",就是作者的情志,也是贯穿全文的主线条,更是我们在进行表达时必须抓住的核心。朗诵散文,就是把作者注入文章中的思想情感充分地以有声语言的形式再现,引领听众一起思考和感悟的过程。

散文朗诵,总体来说是细腻、真实、自然的,基调通常比较平稳,节奏舒缓。当然也有充满激情的作品,在表达时要强调节奏的对比变化,但依然有别于诗歌、小说等的慷慨激昂和性格化。同时值得注意的是:一、散文虽不像诗歌有规整的节奏和严格的韵律,但在朗诵中依然要讲究节奏和韵律之美;二、散文中所涉及的人物语言,有别于小说的浓墨重彩,只求神似、写意,力求作品表达的整体和谐。

朗读标注

▲　　短暂停顿,表示"声断意还连,情还在",比∨停顿时间稍短
∨　　停顿
∨∨　停顿时间比∨稍长
⌒　　连接
//　　层次转换
··　　重音
↗　　语气上扬
↘　　语气下降
＿　　标注提示

精讲篇

谈生命
冰心

朗诵要领：要体会文章景、情、理和谐相融的意境，感受文章的意境美、哲理美、语言美，积极乐观的基调。适合男、女声，采用中声区，朗诵时声音自然、流畅，注意把握层次间的节奏变化。

背景提示：在这篇文章中，冰心老人结合自己一生的沧桑经历，用象征手法和形象比喻畅谈对生命的感受，从而揭示生命的真谛。

我不敢说生命是什么，我只能说∨生命像什么。

生命∨像向东流的一江春水，他从最高处发源，冰雪是他的前身。他聚集起许多细流，合成一股有力的洪涛，向下奔注，他曲折地穿过了悬崖峭壁，冲倒了层沙积土，挟卷着滚滚的沙石，快乐勇敢地流走，一路上∨他享受着他所遭遇的一切：

有时候∨他遇到巉岩前阻，他愤激地奔腾了起来，怒吼着，回旋着，前波后浪地起伏催逼（该句语速较快），直到他过了，冲倒了这危崖，∨他才心平气和地一泻千里。有时候他经过了细细的平沙，斜阳芳草里，看见了夹岸红艳的桃花，他快乐而又羞怯，静静地流着，低低地吟唱着，轻轻地度过这段浪漫的行程。（该句节奏舒缓）

有时候他遇到暴风雨，这激电，这迅雷，使他心魂惊骇，疾风吹卷着他，大雨击打着他。▲他暂时浑浊了，扰乱了，而雨过天晴，只加给他许多新生的力量。

有时候∨他遇到了晚霞和新月，向他照耀，向他投影，清冷中带些幽幽的温暖：这时∨他只想憩息，只想睡眠，而那股前进的力量，仍催逼着他向前走……

终于有一天，他远远地望见了大海。呵！他已到了行程的终结。这大海，使他屏息，使他低头。她多么辽阔，多么伟大！多么光明，▲又多么黑暗！大海庄严地伸出臂儿来接引他，他一声不响地流入她的怀里。他消融了，归化了，说不上快乐，也没有悲哀！

也许有一天，他再从海上蓬蓬地雨点中升起，飞向西来，再形成一道江流，再冲倒两旁的石壁，再来寻夹岸的桃花。然而我▲不敢说来生，也不敢相信来生！∥

生命∨又像一棵小树,他从地底聚集起许多生力,在冰雪下欠伸,在早春润湿的泥土
中,勇敢快乐地破壳出来。他也许长在平原上,岩石上,城墙上,只要他抬头看见了天,▲
呵!看见了天!他便伸出嫩叶来吸收空气,承受阳光,在雨中吟唱,在风中跳舞。

　　他也许受着大树的荫遮,也许受着大树的覆压,而他青春生长的力量,终使他穿枝拂叶地挣脱了出来,在烈日下挺立抬头!他遇着骄奢的春天,他也许开出满树的繁花。蜂蝶围绕着他飘翔喧闹,小鸟在他枝头欣赏唱歌,他会听见黄莺清吟,杜鹃啼血,也许还听见∨枭鸟的怪鸣。

　　他长到最茂盛的中年,他伸展出他如盖的浓荫,来荫庇树下的幽花芳草;他结出累累的果实,来呈现大地无尽的甜美与芳馨。秋风起了,将他叶子,由浓绿吹到绯红。秋阳下∨他再有一番的庄严灿烂,不是开花的骄傲,也不是结果的快乐,而是成功后的∨宁静和怡悦!

　　终于有一天,冬天的朔风把他的黄叶干枝,卷落吹抖。他无力地在空中旋舞,在根下呻吟,大地庄严地伸出臂儿来接引他,他一声不响地落在她的怀里。他消融了,归化了,他说不上快乐,也没有悲哀!

　　也许有一天,他再从地下的果仁中,破裂了出来。又长成一棵小树,再穿过丛莽的严遮,再来听黄莺的歌唱,然而∨我不敢说来生,也不敢信来生。∥

　　宇宙∨是个大生命,我们是宇宙大气中之一息。江流入海,叶落归根,我们是大生命中∨之一叶,大生命中∨之一滴。在宇宙的大生命中,我们是多么卑微,多么渺小,而一滴一叶的活动生长∨合成了整个宇宙的进化运行。要记住:不是每一道江流都能入海,不流动的∨便成了死湖;不是每一粒种子∨都能成树,不生长的∨便成了空壳!生命中不是永远快乐,也不是永远痛苦,快乐和痛苦▲是相生相成的。等于水道∨要经过不同的两岸,树木∨要经过常变的四时。在快乐中∨我们要感谢生命,在痛苦中∨我们也要感谢生命。快乐固然兴奋,苦痛▲又何尝不美丽?我曾读到过一个警句,它说"愿你生命中有够多的云翳,来造成一个∨美丽的黄昏"。

(《京沪周刊》1947年第1卷第27期)

孝心无价

毕淑敏

朗诵要领：质朴的基调，恳切、劝解的语气，语重心长。适于女声，采用中声区，饱含深情的。要注意排比句表达，语言节奏要富于变化，避免单一语势。

背景提示：医生可以治病救人，作家也可以通过文学作品来抚慰人们的心灵，治疗受伤的灵魂。作者毕淑敏身兼二职。文章开始举了两个她并不认可的所谓"孝"的例子，由此引发出行孝这一平常而又深刻的话题，平和地提醒大家："赶快为你的父母尽一份孝心……"

我∨不喜欢一个苦孩子求学的故事。家庭十分困难，父亲逝去，弟妹嗷嗷待哺，可他大学毕业后，还要坚持读研究生，母亲∨只有去卖血……我以为∨那是一个自私的学子。求学的路很漫长，一生一世的事业，何必太在意几年蹉跎？况且这时间的分分秒秒∨都苦涩无比，需用母亲的鲜血灌溉！一个连母亲都无法挚爱的人，还能指望∨他会爱谁？把自己的利益放在至高无上位置的人，怎能成为为人类献身的大师？//我也不喜欢父母重病在床，断然离去的游子，无论▲你有多少理由。地球离了谁都照样转动，不必将个人的力量夸大到不可思议的程度。在一位老人行将就木的时候，将他对人世间最后的希冀斩断，以绝望之心在寂寞中远行，那是对生命的∨大不敬。

我相信∨每一个赤诚忠厚的孩子，都曾在心底∨向父母许下"孝"的宏愿，相信来日方长，相信水到渠成，相信自己必有功成名就∨衣锦还乡的那一天，可以∨从容尽孝。

可惜人们忘了，忘了时间的残酷，忘了人生的短暂，忘了世上▲有永远无法报答的恩情，忘了生命本身▲有不堪一击的脆弱。

父母走了，带着对我们深深的挂念。父母走了，遗留给我们▲永无偿还的心情。你就永远▲无以言孝。

有一些事情，当我们年轻的时候，无法懂得。当我们懂得的时候，▲已不再年轻。世上有些东西可以弥补，有些东西永无弥补。

"孝"▲是稍纵即逝的眷恋，"孝"▲是无法重现的幸福。"孝"是一失足成千古恨的往事，"孝"是生命与生命交接处的链条，▲一旦断裂，永无连接。

赶快为你的父母尽一份孝心。也许是一处豪宅，也许是一片砖瓦。也许是大洋彼岸的一只鸿雁，也许∨是近在咫尺的一个口信。也许是一顶纯黑的博士帽，也许是作业簿上的一个红五分。也许是一桌山珍海味,也许是一只野果▲一朵小花。也许是花团锦簇的盛世华衣,也许是一双洁净的旧鞋。也许是数以万计的金钱,也许只是▲含着体温的∨一枚硬币……但"孝"的天平上,它们等值。

只是,天下的儿女们,一定要抓紧啊!趁你父母▲健在的光阴。

(《特区青年报》)

读书使生命灿烂(节选)

林莽

朗诵要领:表达时以思考、议论的语气为主;声音稳健、流畅,气息下沉。注意论述的逻辑层次要清楚明了。

背景提示:如果说读书是一种享受,那么会读书便是一种乐趣。享受这种乐趣是幸福。

我以为,读书∨给我们启迪和知识∨是十分重要的,而更高的境界∨是一个读者与作者心灵的互通和对话。一本书,我们不能指望它字字珠玑,如果它在某一行或某几页∨给我们以真知灼见的心灵启示,那就是一本∨值得一读的书。当然,如果一本书的文字让你找到了知己,在阅读中,你如同在与一位朋友倾心交谈,你的生活与文化经验∨在书中得到了验证,那才是一种∨最愉快的阅读历程。

为了读书而读书,为了他人而读书,都是很荒唐的。想读,并在阅读中有愉悦和享受感,不是为了完成任务,而是心灵的需要,那样才会有更多的意义。当我们走过了博闻强记的少年积累阶段,当我们有了自己的生活方向,那时的阅读∨已不再是一般化的,而是有选择的。为了求知和治学的读书,是专业性的,而为了生命的需求∨才是更高层次的。

读书∨也许是没有捷径的,不要问他人怎样读书,读什么书。要根据自己的需要去读,去选择。那些使你为之动情的,为之感动∨和为之心悦诚服的书籍,都是你应该去读的。反之∨可以弃之不读。那些时髦的,时尚的不妨了解一下,因为追风和追星的,一定∨都是肤浅的。我们的世界中有许多的文化垃圾,它们会覆盖人们的灵魂,让我们的生命发不出光来。如同吃了人间凡果的孙悟空▲消失了刚出世时双眼中穿透天庭的光芒。确实,在我们的现实生活中,有许许多多的人∨因此而变得黯淡,失去了生命的创造力。

当我们按照生命最本真的指引,从一本书引发另几本书,并逐步读得更多,我们的生命▲也会随之灿烂起来。

(《人民铁道报》2010 年 4 月 26 日)

路

朗诵要领： 朗诵时把握深沉、凝重的基调。语势较平稳，用声低沉而有力，语气分量较重，语速偏慢。适于男声朗诵。

背景提示： 同样是表现母爱的文章，这里却以"路"为魂，表现了一份沧桑的、沉甸甸的母爱。

重复几十年的轨迹，母亲∨还在行走。

从她写满沧桑的脸上，我知道▲岁月在流逝。一条老路，不知在她脚下躺了多少年。路上的坑坑洼洼∨是应该认得母亲的。那一脚脚踩下去的韵律，每一个节拍∨都稳重而有力度。母亲∨在这条路上行走着，不管刮风下雨，任劳任怨。一天，雨很大，母亲走在这条路上，却出奇地摔倒了。母亲站起来，看了看这片土地，伤心地哭了起来，泪珠落在地上，被雨水冲刷着∨蔓延开来。从此，这条路也知道了眼泪∨是咸的。

母亲太熟悉这条路了，生活中的坎坷∨无数次地压在她嫩弱的肩上，她都挺了过来，何况∨是一条路呢。但这次不同了，面对着一条老路，她哭了，▲而且哭得很伤心。母亲也不晓得怎么会这样，只是感到一滴滴的雨▲直往脸上扎。晚上回到家里，母亲∨彻底地病了。全家的人都忙活着为她请医生，问她的情况，∨∨她躺在床上∨一言不发，两眼直盯着天花板发呆。这一夜，家里谁也没睡好，母亲醒了好几次∨都入睡了。因为怕母亲出事，家里人都轮流着睡觉。到清晨五点时，我小睡了一会儿。起来后，却惊然发现∨母亲不见了。我赶紧叫醒家里所有的人，父亲让我们分头去找母亲。//

我突然记得母亲说过∨"地里那条老路∨她走着就是踏实"。的确，那条路有母亲几十年的轨迹，上面撒满了她的汗水。她喜欢丰收后的喜悦，坐在路上∨与邻里聊家事；她喜欢夏天的炎热，一口猛喝井中甘甜的水。

那时的月亮∨应该是残缺的，光亮∨应该是昏黄的，路∨也应该没有现在平整。我躺在母亲瘦弱的肩膀上，母亲轻声地哼着歌儿："月亮弯弯，宝儿乖乖；风儿轻轻，宝儿乖乖……"∨∨田间的风∨冷嗖嗖的，泥土∨泛着生硬的气息，一眼荒凉。母亲继续哼着歌儿，歌声∨一直从脚下∨没入了深邃的夜。

有一年的春天，母亲牵着我的小手，我拽着母亲温暖的大手，一切都是新的。路上生满了不知名的花花草草，田间∨是望不到边的绿，泥土发酵着幽香。我说："娘，唱首歌吧！"母亲用那只粗糙的老手∨摘了一朵花，在鼻子下嗅了嗅，轻声哼到："春天里那个艳

童声，清脆、甜美

阳天,风也好那个云也好……"歌声甜甜的,一直▲在田野间回荡。//

果不其然,当我来到∨这条痛苦与快乐、承受太多事实的老路时,母亲∨早已站在那里了,她的衣服∨分明已经被露水打湿了,头发像水洗了一样。我静静地站在远方,看母亲把手放在胸前,划了一个"十"字,嘴里念念有词的。我想∨她一定在倾诉着自己的过错,希望得到宽恕,希望这个家▲平安幸福。

我∨静静地站在老路上,只能静静地站着,用心感受∨一位母亲的伟大。

（散文网）

梦里雪山

淡茶

朗诵要领:语气分量较重。朗诵时,声音有力但不拙,气息饱满却不猛冲。语言大气舒展,语流曲线幅度较大。

背景提示:对雪山充满激情的赞美和深沉的眷恋。

我的目光,穿过那皑皑的白雪,落在雪山之巅。在那不可企及的高度中,我的灵魂,被一次次▲震撼。

天空湛蓝,在广漠的天穹下,苍鹰∨在自由地盘旋。追寻着朝圣者的足迹,我的思想我的梦,向着那遥远的历史▲延伸……

经幡飘摇,诉说着古老的往事。在那淙淙流水经过的土地,又吟唱了多少悲欢的歌谣。沧海桑田,大海成山,亿万年的历史有雪山作证,亿万年的沧桑▲有蓝天为凭！亿万年啊！多么漫长！又多么短暂！有谁还记得∨这里曾是深深的海洋？有多少鱼儿在这里自由地生长,那暖暖的海风,可曾有一点冰冷的模样？可是▲亿万年实在是太短！当那高高的雪山耸立云端时,我们才发现,时间▲是如此的短暂。

时光如滚滚的车轮,碾过历史、碾过人生。当红尘历尽,在回眸一瞥中,才发现∨雪山依旧,往事成烟。只有那∨缥缈的梵唱,合着阵阵法螺,一声声、一声声▲在蓝天上回响……

那一座座雪山连绵,那一座座冰峰矗立,那亿万年绝韧的冰壁上,只有岁月的刻刀,独自镌刻着∨一首不朽的歌谣……▲千古传唱！苍茫之巅,白云之上,是谁▲成就了这永恒的绝唱！//

独对茫茫的雪山,壮士的豪气在胸中激荡！寒风如箭、雪花漫天！只为采摘那洁白的雪莲,用它高贵的芳香∨把我的灵魂浸染!在纤尘不染的心境中,才能体味雪山的柔美,雪山的无暇,雪山的壮丽,雪山的▲博大!

曾∨几何时?铁马兵戈,气吞万里!曾几何时?风云色变,血映山河!几千年的喧嚣,无法改变雪山的姿态。几千年的繁华,无法磨去雪山的容颜!它静静地耸立在蓝天下,以悲悯的胸怀,包容着凡俗的▲尘埃……∥
（语速加快）

∨∨所有的记忆在这里凝固,所有的历史∨在这里封存……

在这雪的国度里,映入眼帘的∨只有蓝与白。仿佛世上只有这两种颜色,蓝得深湛、白得无暇。在湛蓝中漂浮的一朵白云,悠悠地诉说着古老的情怀。这是永恒的色彩!生命的色彩……

阳光、雪线,我向着雪峰凝望。所有的梦想▲在凛冽的寒风中生长;所有的渴望▲在雪山上萌发;所有的激情▲化作血脉中汩汩流淌的诗篇!那激昂的风声带着清越的呼啸,刺破蓝天、直达苍穹!在亿万年的岁月里,奏响着∨不朽的乐章……

亿万年的过去▲展现在历史的今天!亿万年的将来▲又以何种方式上演?

苍茫雪山!亘古的音律!

苍茫雪山!我梦里的▲情怀…

（淡茶个人博客:http://hbd666.blog.163.com）

竹叶吹梦

耿林莽

朗诵要领:悲悯的语气,忧伤的基调。适合男、女声。

背景提示:通过作者满含怜惜之情的笔触,展现的是一幅农民工进城后的悲情画卷。场景式的写实,让人如临其中。

你∨常常被一根竹子摇醒,风把梦∨从竹枝上扫落,似残露一滴。这是竹叶子的梦,还是你的梦呢?

露宿街头的打工仔乔迁之喜,打到了这片竹林。这里没有市声喧嚣,没有子夜车轧破梦的幽深。风与竹叶∨簌簌地私语,如细雨沙沙,又引来乡悉的回声:竹林滴水,一个小男孩∨仰起瘦瘦的脸,承受清凉水珠,解渴的一粒。

是你告诉:家乡的山楂树全被砍去,不值钱的山楂果,一盏盏酸味的红灯笼,全被砍去。"我也是一枚,山楂果呢。"你说,脸上∨荡出了酸味的笑意。

无人问津。小民工∨蹲在马路的边角,两手空空。守望着车如流水,淌过的人潮,自晨▲至暮。有谁投过来探询的一瞥?

一千片竹叶之间,烟雾迷蒙。

一千片竹叶上面,泪水滚动。

坠落了一颗,停在你抖颤的嘴角边了。这是竹叶子的泪,还是你的泪呢?

把它擦干,站起来,拍拍身上尘土,你还要"上班"去呢。

"没有活儿干地活着,比干活还累。"你说,脸上∨露出了酸味的笑容。

只因风花雪月

瞿腊阿娜　姚雪

朗诵要领:朗诵时要情融于声,虚实结合;语势跌宕起伏,但多轻柔舒展;语速适中。积极调动情景再现,通过有声语言的二度创作,带领听众身临其境,在大理的诗情画意中畅游。

背景提示:作者笔触细腻、语言朴实,展现了大理旖旎的自然风光和厚重的人文胜景。

没来过大理的人,对大理的印象,多半源于两处。一是金庸的《天龙八部》,把这个山明水秀的悠悠古城,变成了∨清远神秘的浪漫江湖。再就是∨上世纪50年代的电影《五朵金花》中∨耳熟能详的主题歌:"大理三月好风光,蝴蝶泉边好梳妆"。让大理这旖旎的风光,咿呀唱软了∨每一只倾听的耳朵。

而当你∨真正站在大理古城街头时,便会明白,那些文字、影像或音乐构建出来的浪漫,的确是有出处的。

这是一个柔软的城市,你一伸手,就可以掠到一缕柔软的花香,一片未及化作雨的云,和一丝∨若隐若现的甜蜜。看着大理人平静而微笑的眼睛,你或许无法想象,这里∨也曾经是一个王者之邦、一片戎马之地。这温柔的风,曾经吹起猎猎的战旗,而那湛蓝的天空,也曾经传递着∨萧萧的狼烟。

这里曾是一座固若金汤的城池。看这威严的大理古城,便能想象出当年那些残酷的战争。这城墙,墙体内部∨用的是土石,外部∨用的是特制的城砖,而粘合剂∨竟是蛋清和糯米。这些既可入菜又可养生的东西∨不可思议地进入建筑领域后,空前地加大了城墙的牢固性。城楼上∨建有敌楼群 15 座,垛口 1560 个,仿佛随时等着箭羽▲凌空而来。南北门外有宽宽的护城河,洱海和苍山∨是它的天然屏障。

那骁勇善战的大理,已经成为历史的剪影。或许,她本就无意做一个野心勃勃的城市。当时光流转,将那咄咄逼人的战旗与狼烟尽数吹散之后,大理,便蜕变成一个∨温柔可人的宜居之地。这里拥有所有与幸福有关的因素:富饶的土地、秀丽的河川、明媚的天空、四季的春光、翻卷的白云、灿烂的阳光,还有什么,比平静安宁地生活在这里,更值得人珍惜?

你会有很多时间去爱自己的生活。爱这样的细碎。爱这样的细碎中∨透出的温柔。只是,很多时候,很多人,都在奔忙中,离它最爱的生活,越来越远。他们筑起厚厚的城墙,却连自己∨都不知道该固守什么。于是,在未来的某一天,这匆忙堆砌的城墙轰然倒地的一刻,才恍然发现,在这么长的时间里,他们从不曾为自己种下一棵树,一朵花,掘一汪可以止渴的泉,砌一条∨通向其他城池的路。∥

大理∨永远是宁静的。它就是静的,像星空一样∨深邃而悠远。

今夜▲就飞去大理吧。在那里∨与你童年的故乡记忆相遇,与你少年时痴迷的小说相遇,与你曾经看过的旧电影相遇,与你一直想要的温柔▲相遇。

莫道大理销魂,只因▲风花雪月。

(http://ent.cctv.com/special/C18179/20091106/104074.shtml)

孝心无价

安徽考生

朗诵要领:把握故事的情节脉络,采用叙述的语气,小女孩的语言是全文的亮点。适合女声朗诵。

背景提示:故事简短,但构思颇为精巧,文中暗含的几处意外有柳暗花明的功效。简单的笔触,却细致地刻画了人物形象,很好地表达了小女孩对母亲深深的爱。

店主∨站在柜台后面,百无聊赖地望着窗外,心里∨却盘算着最近一直不太景气的生意。

一个小女孩走了进来,整张脸都贴在了橱窗上,仔细地寻找着,过了一会儿,出神地盯着一条蓝宝石项链看。

"我想买给我妈妈,您能包装得漂亮一点吗?"她说。
<u>童声。甜美、乖巧,期盼的语气</u>

店主狐疑地打量着∨眼前这个有一双清澈眼睛的小女孩，问："你∨有多少钱？"

小女孩马上从口袋里掏出一个小袋，小心翼翼地打开，然后将钱∨摊在手心上，兴奋地说："这些可以吗？"不待店主回答，她又说："今天是妈妈的生日，我想把它当作礼物送给妈妈。我很长时间▲没见妈妈笑过了，我相信妈妈一定会喜欢这条项链的，她肯定会笑得特别的好看，因为项链的颜色▲就像她的眼睛一样。"（憧憬、兴奋的语气）

店主认真地听完，拿出了那条项链，装在一个精致的小盒子里，用一张漂亮的红色包装纸包好，还在上面∨系了一条绿色的丝带。然后∨对小女孩说："拿好啊，小心点。"说完∨拍拍小女孩的头，微笑着目送小女孩∨满心欢喜、连蹦带跳的身影回家去。

在这一天的工作快结束的时候，店里来了一位年轻的妈妈。衣着虽简朴∨但不失韵致，她有一双蓝色的大眼睛，她把已经打开的礼品盒放在柜台上，问道："这条项链∨是从这里买的吗？多少钱？"

"本店商品的价格∨是卖主和顾客之间的秘密。"

妈妈说："我女儿只有几枚硬币，这条蓝宝石项链∨却货真价实，她绝对买不起的。"

店主笑了笑，一脸的灿烂，轻轻地从妈妈手中接过礼品盒，精心地将包装重新包好，系上丝带，又递回了妈妈的手中。

妈妈愕然。

店主说："她给出了∨比任何人都高的价格，孝心▲无价，更何况，她还付出了她所积攒的一切。"

"谢谢。"年轻的妈妈含泪说完，又笑了，有一滴泪∨在她眼角绽放光芒，晶莹剔透，就像蓝宝石。

（2005年高考满分作文）

井冈山

姚雪

朗诵要领： 深情怀念的语气色彩，表达时要情真意切。声音较低缓、深沉，其中蕴涵力量。

年年清明，年年∨和雨相约。

往事∨是一颗种子。清明∨是促它萌生的风。在万物复苏的春日里，有一种思念▲叫雨。

井冈的杜鹃，密密匝匝地指向蓝天，映红了五百里井冈。那是它们在怀念逝去的人们。它的花朵∨大而热烈,因为,它也曾被鲜血浸染。

在那个枪林弹雨的年代,这红,▲是悲壮的红。壮士流血不流泪,杜鹃▲便是天地的眼泪,以这悲壮的红,祭奠壮烈牺牲的生命。

当五星红旗升起的时候,这红,便是欣慰的红。与国旗同色,与新中国一起,迎接一季又一季的繁花似锦。

清明的细雨拂过,年复一年,为这十里杜鹃,播撒思念的种子。杜鹃依然怒放,这红,是中国的红,中国的骄傲。

中国红,有无数的意味。

雨花石的红,红岩的红,井冈杜鹃的红,还有微山湖上的∨夕阳红。红▲是战斗的激昂,是无私的奉献,是坚定的信仰,是无畏的追求,是乐观和奔腾,也是柔情∨和骄傲。

我们将寄托追思的花儿献给烈士。他们中的大多数,都没能看到和平与安宁的生活,但他们▲却坚定着信仰,为了大多数人的福祉而战。他们中的大多数,都牺牲在风华正茂的年纪。有些∨留下了可歌可泣的故事,有些,甚至连姓名▲都没有留下。但是,他们却是我们全民族的骄傲。

每个清明,他们,拥有最多的思念。

遇到世上最美的爱

甘汉静

朗诵要领:质朴的叙述语气,注意文中童声的生动表现。

背景提示:文章用平实的语言,娓娓道来父母与孩子之间那与生俱来的"世上最美的爱"。

曾经看到一位朋友,因为工作的原因,经常在外应酬到很晚才回家。妻子的怨言似乎并不能改变什么,但是,只要他的孩子让他回家吃饭,他是一定会回来的。那时年幼,觉得那人做作,摆架子罢了。

等到有了自己的孩子,终于明白,对孩子的感情,是任何一段美丽的爱情,都无法岂及的高度。

不管你相信不相信,只有孩子,才是你在这个世界上最为温暖的慰藉。

是的,孩子,曾经,也将继续∨给你制造无尽的麻烦;孩子,曾经,也将继续带给你永无止境的牵挂,但你面对这些麻烦和牵挂的时候,却是安心和乐意的,甚至,是幸福的。

就如身边看到的,再冷漠的人,在儿女面前,也是情深意长柔和似水的。因为,遇见你,我的孩子,便遇见了这个世上∨最美最好的爱!不仅仅是因为孩子的身上延续了你的生命,也不仅仅是你将诸多的期盼∨交付给了孩子。//

蹲下来,和孩子一同成长,一同,感受美好的情感——

当你为职场的困境唉声叹气时,孩子柔嫩的小手∨轻轻拂过你的脸,用他尚不清晰的吐字,深情地唱着"我的好爸爸,上班回到家,劳动了一天,爸爸辛苦了"的时候,在他稚嫩而灿烂的微笑里,你的心,▲是不是轻轻一动,所有的烦恼在那一刻都化作烟云散去?你要做的,只是对着孩子露出笑脸。因为在他无邪的笑容里,你会有一种动力∨坚定着你彷徨的步伐。

当你和孩子一起走在路上,突然而来的鞭炮声让你们都为之一震,由于受惊,孩子紧紧抱住了你,一边却摆着小手认真地对你说:"妈妈不怕,妈妈不怕!"你刚才还在诅咒这鬼鞭炮的恶劣心情,是不是因为那句话,而变得宽敞和温暖许多?

是的,当孩子把要塞进自己嘴里的美食送到你嘴边时,你会不会还在抱怨,每天带他,是多么的劳累和烦神?当你蹲在地上整理满地的玩具时,孩子"吭哧吭哧"给你搬来小凳子,在你以为,孩子还是不是专门来给你制造麻烦的?当你身体不适在用药时,孩子每天提醒你,"妈妈,吃药了",你的心里,会不会有一种被关心的感动?

是的,你花了很长的时间,用了足够的耐心,去教会孩子走路,说话,吃饭,玩游戏,……他的第一个笑容,他的第一声叫唤,他的第一步,他的第一句话,他的第一次数数,他的第一个舞蹈……每次▲都能给你带来巨大的欣喜和骄傲。

为什么对他的成长,你用尽了前所未有的耐心?为什么对他的成功,你拥有着无可言喻的骄傲?为什么,你为了他,心甘情愿做任何牺牲?

是的,因为,▲你——爱——他!而你的孩子,他也用他的方式爱着你!

是的,没有一种爱能超越这份感情,也没有一种爱能替代这份情感。因为,你遇见了这个世上,最美,最好的爱。

(散文吧 sanwen8.cn)

里格岛的晨曦

朗诵要领:注意情、声、气的结合,营造宁静、温馨的氛围,充分表达出对泸沽湖的眷恋与憧憬。舒缓的语气节奏。适合女声。

背景提示:作者用细腻的笔触、华美的语言,描绘了如梦似幻的泸沽湖。行文流畅、柔美。

　　清晨,早早起床,等待日出。天色依旧是深黛色,湖面一片寂静,四处都浓浓的寒意,唯有我们的目光∨是炽热的。渐渐地,天边开始亮了,湖上泛着氤氲的雾气,仿佛是仙人正撩拨尘世的珠帘。朝霞披着灿烂的金色,染红云彩和天边,继而∨又是这绵延的雾气和湖面。日光的温暖,开始驱散清晨的寒意,而心中的感动,也随着这朝气蓬勃的一幕∨升腾而起。

　　终于,太阳跃出水面,湖面上金光闪闪,成群的鸟儿从水面上飞起,扑棱翅膀的声音∨划破清晨的宁静。∨∨已经多久∨没有见到这样自由的飞翔了啊——城市中的鸟儿,在高楼大厦间无处藏身,总被惊吓,忧伤而慌张地飞走;而那些公园广场上的鸟儿,大概又因为习惯了游人的喂养,早没了自然的纯真野趣。泸沽湖的水鸟,却是如此幸福——它们在水面和天空之间,划着完美的弧线,这样的自由不羁,安详而潇洒,仿佛它们∨就是这里的主人!∥

　　渔船在清晨便已驶出,渔网撒开,仿佛撒开一天的希望。湖面上的雾气,泛着粉黛的光。摩梭人日出而作,日落而息,古老的传说和传统代代相传,他们相信,泸沽湖∨是他们的母亲湖,格姆女神山∨永远保佑着他们。他们对自然充满着敬畏,却又与自然▲如此和谐亲密。

　　晨风∨送来阵阵清脆而稚嫩的童谣。上早学的孩子们背着书包,成群结队地∨走在弯绕的山路上。太阳洒在他们身上,闪着晶莹的童真。在湖边漫步的时候,看到一个摩梭小男孩,和他的名字"西西"一样∨讨人喜欢。忍不住去逗他,他便撒开了欢冲你笑。突然,又连蹦带跳地跑开了。那毫不掩饰的欢喜,那青梅竹马的纯真,像那嘹亮的摩梭民歌一样,写满了幸福的密码。如果说,泸沽湖平静的美,像母爱一样博大而永恒,那么,这跃动的清晨,便是泸沽湖的另一面,像母亲一样,不断给予她的儿女们生机和希望。

　　和泸沽湖——这母亲湖相遇的一刻,便唤醒了心底的那一片湖水。或许,每个人心底都有一片湖。这片湖,是每个人心底的柔软,是每个人∨一生的宝藏。在尘世的风雨沧桑里,每个人都会历经各种考验,或许,有些人早已忘却这片湖水;有些人却将心底的那片湖,保护得▲更好。

(百度贴吧)

伞

何万松

朗诵要领：舒缓的节奏，声音自然流畅，平稳而富有深情。
背景提示：短文以"伞"为眼，描述了彝人的风土人情和色彩斑斓的生活风貌。

彝人喜爱的伞，是一种黄色的油布伞。晴也遮阳，阴也挡雨。火把点燃的时候，仿佛就是∨伞的节日。

火把节，去彝族聚居的布拖县，黄伞组成的块与面映入眼帘，便让人怦然心动。那是一条伞的河，在阳光下安静地流淌，也似一条金灿灿的彩带，飘然于潮涌般的人群之上。

同村同寨的姑娘，三五人，十来人，排成一队撑起黄伞，熙来攘往的人群中，黄伞就像一簇簇怒放的山花，点缀在∨纯净的蓝天与厚重的土地之间，使凝重的高原也轻盈起来。

黄伞下的彝族姑娘才会展露风采，展露美丽。黑色或白色的羊毛坎肩，夸张的修饰双肩，映衬出头上、颈上、胸前的银饰。脚下细密的步子，撩起色彩鲜艳、对比强烈的裙裾，便会有∨步步生莲的飘逸。

为贫瘠生活的重压而艰难生存的彝家人，只有在每年一度的火把节，才会做这样一种∨隆重而素朴的展示。展示自己的美丽，展示生活的希望。山中的女子∨深知美的价值。

阳光透过黄伞，给伞中人∨平添了几分朦胧的诗意。神态自得的彝族女子，渐渐让我感到一种娴静，那是凸现于青色岩石和褐色泥土的安详。面对陌生的镜头，却不免羞涩。黄伞顺势就垂了下来，像屏障一样。黄伞护卫着美丽，也护卫着羞涩。

成队成列的黄伞，在人群中穿梭。空坝里的黄伞，则围成圈，缓缓地转动。"朵洛荷"的歌声∨随着黄伞一圈圈泛开，此起彼伏地在天地间回响。"挥舞火把如彩虹，说火把像云雀鸣，耍火把似锦鸡跃，唱火把像金蝉鸣。"黄伞下的歌∨不曾高亢，却不失响亮。▲我断定，没有黄伞的火把节，定然少了许多∨无言的韵味。

(http://www.cctv.com/program/dssgsw/20030618/100388.shtml)

小桥　流水　人家

杨健　叶兆君

朗诵要领：轻柔的基调，亲切柔和的语气色彩，充分表现江南水乡"美丽、自然、悠闲、恬淡"的特点，用声虚实结合、平中有变。

周庄，江苏省昆山市的一个古镇。四面环水，犹如泊在湖上的一片荷叶∨散发着淡淡的清香。"吴水依依吴水流，吴中舟楫好夷游"，小桥、流水、人家，千百年来，她那淳朴典雅的风韵▲依然。

风声、橹声；水流声、叫卖声；尤其是——▲啊，脚踏在整齐而狭窄的石板街面上，发出的单纯的音响，谁也无法抵御∨那份自然对心灵的震动。//

周庄∨是水哺育长大的，面对大自然这九曲回肠的地域组合，周庄人并不是用精卫填海的办法，来改变千姿百态的河湖港汊，而是用座座桥梁，把大家相亲相爱地连在一起。

周庄的桥，或大或小，或曲或伸，或古朴∨或新颖。有祈求富裕安康的富安桥；有因周庄古名贞丰里而得名的∨贞丰桥；还有纪念太平军士兵的福洪桥；而最能体现古镇神韵的∨当属∨双桥，它由一座石拱桥和一座石梁桥组成，就像古时候的一把钥匙，开启着周庄走向外面世界的大门。

桥与日月相伴，桥与流水媲美，桥与人家相亲，桥▲与小街相连。在这里∨真是无桥不成路，无桥不成镇。千百年来，周庄的桥∨经受住了无数历史风雨磨蚀，可它总是坚韧地拱起它赤裸裸的脊梁，默默驮过无数交替的日月星辰，深情地期待着∨从天南海北到来的客人。

周庄是水的世界，清粼粼碧泱泱的南北市河、后港河、由车样河、中市河，像四根透亮飘柔的带子，绕镇而过。一路∨不知吻过多少岸边的绿墙，也不知∨抚过多少岸边人的甜梦。∨∨现在，它疲倦了，疲倦得像个甜睡的宝宝，静静地躺着，仰视天上的白云，做着一个∨归入大海前的美梦。

久居喧闹都市的现代人，面对这片宁静之水，心里各种欲念都会淡然隐去，剩下的，唯有对这醇美空灵境界的向往。由于河湖的阻隔，使周庄避开了历代兵燹战乱，保存完好的水镇建筑，越发显现出它独特的韵味。

碧水泱泱、绿树掩映的沈厅；轿从前门进、船自家中过的张厅；以及小镇上一家家粉墙篱窗的房屋，充满着幽谧的水乡气息。那幽深冷清的石板巷，那巷中袅袅升起的炊烟，和星星点点的水渍、泥印,犹如一首古诗,美得令人心醉。

上有天堂,下有苏杭,中间还有个▲九百岁的周庄!

那是个你应该去的地方!

那是个∨令你永远不能忘怀的地方!

(CCTV 电视诗歌散文 http://www.cctv.com/program/dssgsw/20030605/100536.shtml)

读山品水

朗诵要领: 声音稳健,气息下沉,语言洒脱。以思考、议论的语气为主,语气的逻辑意味较强。适合男、女声。

背景提示: 人们通过读山品水,可以领悟到世事的兴衰变迁,人生的喜怒哀乐。不过只有用心去品读,才能悟出其中的内涵与韵味来。

山水之美,古来共谈,然而人们谈得最多的,还是山的灵性∨和水的神韵。孔子曰:"智者乐水,仁者乐山"。∨仁者在山的稳定、博大和丰富中,积蓄和锤炼自己的仁爱之心;智者∨则涉水而行,望水而思,以碧波清流∨洗濯自己的理智和机敏。登高∨则情满于山,观海∨则意溢于水,吐纳珠玉之声,卷舒风云之色,仪态万状,咫尺千里。

读山,"横看成岭侧成峰,远近高低各不同,"各∨有各的读法。远读其苍茫,近读其清幽,精读其豪放,细读其深沉,读青、读绿、读和谐、读静谧……视角不同,意境也不同。"不登高山,不知平地"是一种发现,"山外有山,天外有天",又是一种发现。"高山仰止,景行行止"是一种境界,"重于泰山,轻于鸿毛"是又一种境界。"咬定青山不放松"是一种坚守,"砥柱触天立中流"是另一种坚守。"五千仞岳上摩天",是一种豪壮,"夕阳山外山",又是一种豪壮。∨∨不要以为山是凝固的,山▲是岿然的活物。//

品水,由于个人的气质不同,心境不同,也各有各的品位。在文人眼里,水是温柔的,因此∨他们常常把柔情蜜意的水与悠悠无尽的爱∨联系起来。水之悠长,好像爱情之天长地久;水之曲折,有如爱情之好事多磨。水之深广,仿佛爱情之深沉广远;水之波动,似若爱情的∨起伏波澜。//在哲人眼里,水是运动的,悟出的∨是人生的哲理。孔子说:"子在川上曰,逝者如斯夫,不舍昼夜"。感叹的是∨人生之有限∨而宇宙之无穷。孟子说:"民归之犹水之就下,沛然谁能御之"。比喻民心似水,谁也无法抵挡。荀子∨对政权与人民的关系,给后人留下以人深省的警句:"水则载舟,水则覆舟"。老子呢?他既说:"天下莫柔弱于水",又看到了水"莫能御之"的力量。

云山苍苍,江水茫茫,读山品水,意味深长。

(《人民日报》2002年5月30日第12版)

茶道即人道

云南白药

朗诵要领:节奏舒缓,娓娓道来,文章蕴含哲理。

记得爸爸曾有过那么一间小小的"茶屋",里面有许多不同种类的茶,还有一张小方桌,几把椅子。记得爸爸在墙上的题字:茶道▲即人道!

于是,这个夜晚,为自己泡一杯清茶,淡淡的茶香弥漫周身,任古乐∨在空中舒展,舒展年轻的容颜,舒缓疲惫的心灵。

茶,需要茶道,泡茶的过程∨就如同我们心灵成长的过程。在适当的时间、地点采摘下来,用最严格的方式进行烘烤,方可得一枚好茶叶。而只是有好的茶叶,那是完全不行的。它还需要有好的水质,适宜的温度,如同我们生命中至爱的亲人,不离不弃的朋友。水质好,水温宜,则能更好地表达出茶的本意。

泡茶的过程,就是我们酿造自己的人生的过程,泡茶的人比茶技更重要,品茶的人比茶叶更重要。用细腻体贴的心∨认真对待生活的人,泡出来的茶∨永远那么回味悠长,而他身边的亲友,也定是最能体会其个中滋味的!

不愿做纯净水,淡而无味;不愿做咖啡,只能提神醒脑;不愿做饮料,只能闲时相伴。要做▲就做一盏茶,清香淡雅,深藏不露。

做一盏绿茶,人情冷暖,世态炎凉,送上一份热腾腾的慰藉;

或者,做一盏花茶,人生苦短,岁月无常,酿成一缕动容的芬芳;

唯愿用高尚的人格与尊严做叶,用细腻,恬静的心∨做水,用我一生的时间去酿造一盏茶,一盏好茶,一盏▲至纯,至净,回味无穷,绵延悠长的清茶,或苦涩,却足以令人▲铭记终身!

茶道▲即人道!

寂寞是首心灵的歌

朗诵要领：文章层次清楚、脉络分明，具有诗歌一般的韵律，在朗诵时也要充分体现出其节奏感。

背景提示：这篇小文构思巧妙、笔锋细腻、委婉流畅。文章寄情于景、于物，充分表明了作者的人生态度。文章启迪人们要把寂寞化作动力，用阳光心态去感受生活，勇敢面对现实。

寂寞∨是天边的一抹晚霞，远远地挂在虚空，虽然黄昏的夕阳∨用余晖把它染得绚丽灿烂，但改变不了那颗飘渺空落的心。山笼雾霭，暮色垂帘，归鸦点点，都使寂寞的脚步∨越发沉重。

寂寞是山间的一条溪流，幽幽地淌在荒芜，虽然温情的峦脉用绿荫将它宠得清澈剔透，但挽留不了∨那颗浪迹孤单的心。野香熏馨，蝶韵梦绵，墨兰片片，都使寂寞的脚步越发沉重。

寂寞是墙角的一棵小树，默默地立在遗途，虽然憨厚的土地用乳汁将它润得娇贵扶风，但慰藉不了∨那颗行影孑立的心。灯红酒绿，醉生梦死，歌舞翩翩，都使寂寞的脚步越发沉重。//

于是∨晚霞选择了奔放，将自身幻化成舒卷蓝天的白云，幻化成暴雨雷电交加的乌云，（*转换语气，体现段落感*）幻化成∨七彩当空的彩虹，在奔放中∨晚霞走出了寂寞，找到了快乐永生。

于是溪流选择了激荡，将自身幻化成气势恢弘的波涛，汹涌澎湃，力叩苍天，卷千堆雪，在激荡中∨溪流走出了寂寞，找到了快乐永生。

于是小树选择了成长，将自身幻化成绿荫蔽天的大树，呼风摇曳，逗惹天上流云，招唤倦鸟归林，在成长中∨小树走出了寂寞，找到了快乐永生。

寂寞∨是万物生灵不可解脱的宿命，逃避▲只能陷入更深的沉沦，将永远挂在虚空、淌在荒芜、立在遗途，从而万劫不复。面对寂寞▲只能奔放、激荡、成长。

寂寞孕育死亡，但寂寞更催生希望。寂寞∨是大戏开演前悬挂的帷幕，是冲锋前等待吹响的集结号，是黎明前浓重的黑暗，是寺院∨尚未敲响的晨钟。

寂寞是首心灵的歌，要努力▲把它唱好。

(http://blog.sina.com.cn/s/blog_5d533e/30100bqtk.html)

都江堰(节选)

余秋雨

朗诵要领： 充分调动情景再现，身临其境、有感而发。描写水的部分，朗诵时语气坚实豪迈、富有激情。需要注意的是，文章的标点符号不是表达中停连的唯一标准，要敢于打破标点符号的限制。本文适合男声朗诵。

背景提示： 这是一篇文化游记，作者余秋雨用现代文化意识观照历史文化踪迹，给古老的物象与峻伟的山水赋予了灵性，赋予了哲理意蕴。这段节选，是对都江堰的直观描绘，语言酣畅、灵动，给人以审美的多维享受。

我去都江堰之前，以为它只是一个水利工程罢了，不会有太大的游观价值。连葛洲坝都看过了，它∨还能怎么样？只是要去青城山玩，得路过灌县县城，它就在近旁，就乘便∨看一眼吧。因此，在灌县下车，心绪∨懒懒的，脚步∨散散的，在街上胡逛，一心只想看∨青城山。

七转八弯，从简朴的街市走进了一个∨草木茂盛的所在。脸面渐觉滋润，眼前∨愈显清朗，也没有谁指路，只向更滋润、更清朗的去处走。∨∨忽然，天地间开始有些异常，一种∨隐隐然的骚动，一种还不太响∨却一定是非常响的声音，充斥周际。如∨地震前兆，如海啸将临，如山崩即至，浑身起一种莫名的紧张，又紧张得∨急于趋附。不知是自己走去的∨还是被它吸去的，终于陡然一惊，我已站在∨伏龙馆前，眼前，急流浩荡，大地▲震颤。

即便是站在海边礁石上，也没有像这里这样强烈地领受到∨水的魅力。海水是雍容大度的聚会，聚会得太多太深，茫茫一片，让人忘记它是切切实实的水，可掬可捧的水。这里的水却不同，要说多▲也不算太多，但股股叠叠都精神焕发，合在一起∨比赛着飞奔的力量，踊跃着喧嚣的生命。这种比赛又极有规矩，奔着奔着，遇到江心的分水堤，刷地一下∨裁割为二，直窜出去，两股水分别撞到了一道坚坝，立即∨乖乖地转身改向，再在另一道坚坝上撞一下，于是又根据筑坝者的指令▲来一番调整……∨∨也许水流对自己的驯顺有点恼怒了，突然撒起野来，猛地翻卷咆哮，但越是这样∨越是显现出一种更壮丽的驯顺。已经咆哮到让人心魄俱夺，也没有一滴水溅错了方位。阴气森森间，延续着一场千年的收伏战。水在这里，吃够了苦头▲也出足了风头，就像一大拨翻越各种障碍的马拉松健儿，把最强悍的生命付之于规整，付之于企盼，付之于▲众目睽睽。//看云看雾看日出∨各有胜地,要看水,万不可忘了▲都江堰。

(余秋雨:《文化苦旅》,东方出版中心 2001 年 4 月第 2 版)

遇见

张晓风

朗诵要领:轻柔中带有感慨的基调,富有启发性的语气。适合女声,中声区,略显成熟、智慧。

背景提示:台湾作家张晓风用她的兰心蕙质赋予平凡生命以蓬勃的生机,给了万物悄然升起的灵性。引领我们用纯美的诗心感受着海阔天空的大千世界。

一个久晦后的五月清晨,四岁的小女儿忽然尖叫起来。

"妈妈!妈妈!快点来呀!"
<u>童声,稚嫩、清脆;急切、震惊的语气</u>

我从床上跳起,直奔她的卧室,她已坐起身来,一语不发地望着我,脸上浮起一层神秘诡异的笑容。

"什么事?"
<u>担心的语气</u>

她不说话。

"到底是什么事?"
<u>着急的语气</u>

她用一只肥匀的有着小肉窝的小手,指着窗外,而窗外∨什么也没有,除了另一座公寓的灰壁。

"到底什么事?"
<u>不解的、困惑的语气</u>

她仍然秘而不宣地微笑,然后悄悄地透露一个字。

"天!"
<u>虚声、低声</u>

我顺着她的手望过去,果真看到那片蓝过千古▲而仍然年轻的蓝天,一尘不染令人惊呼的蓝天,一个小女孩在生字本上早已认识▲却在此刻仍然不觉吓了一跳的蓝天,我∨也一时愣住了。

于是,我安静地坐在她的旁边,两个人一起看那神迹似的晴空,平常是一个聒噪的小女孩,那天∨竟也像被震慑住了似的,流露出虔诚的沉默。透过惊讶和几乎不能置信的喜悦,她遇见了天空。她的眸光自小窗口出发,响亮的天蓝从那一端出发,在那个美丽的五月清晨,它们彼此▲相遇了。那一刻真是神圣,我握着她的小手,感觉到∨她不再只是

从笔划结构上认识"天",她正在惊讶赞叹中体认了那份宽阔、那份坦荡、那份深邃——她面对面地遇见了蓝天,她长大了。∥

那是一个夏天的∨长得不能再长的下午,在印第安那州的一个湖边,我起先是不经意地坐着看书,忽然发现∨湖边有几棵树正在飘散一些白色的纤维,大团大团的,像棉花似的,有些飘到草地上,有些飘入湖水里,我仍然没有十分注意,只当偶然风起所带来的。

（换语气,体现段落感）

可是,渐渐地,我发现情况简直令人暗惊,好几个小时过去了,那些树仍旧浑然不觉地在飘送那些小型的云朵,倒好像是一座无限的云库似的。整个下午,整个晚上,漫天漫地都是那种东西,第二天情形完全一样,我感到诧异和震撼。

其实,小学的时候就知道∨有一类种子是靠风力靠纤维播送的,但也只是知道一条测验题的答案而已。那几天真的看到了,满心所感到的∨是一种折服,一种无以名之的敬畏,我几乎是第一次遇见生命——虽然是植物的。

我感到那云状的种子∨在我心底强烈地碰撞上什么东西,我不能不被生命∨豪华的、奢侈的、不计成本的投资所感动。也许在不分昼夜的飘散之余,只有一颗种子足以成树,但造物者∨乐于做这样惊心动魄的壮举。

我至今∨仍然常在沉思之际想起那一片柔媚的湖水,不知湖畔那群种子中有哪一颗种子成了小树,至少我知道∨有一颗已经长成,那颗种子曾遇见了一片土地,在一个过客的心之峡谷里,蔚然成荫,教会她,怎样▲敬畏生命。

（《张晓风经典散文集》）

渴望苦难（节选）

马丽华

朗诵要领：以感慨的基调为基础,以内心独白的叙述方式进行表达。适合女声,语气分量较重。

背景提示：文章写唐古拉山、写藏北寸草不生的荒滩戈壁、写百年不遇的特大雪灾、写陕北农村一个年老的农家妇女的梦想等,其目的并非只为再现雪域高原人艰难的生活图景,而是站在较高的层面上来审视与自然顽强抗争的人类,进而思考自我,思考人生。"苦难能给人以使命感,给人以磨炼,让人清醒,让人振奋。人生只有在不断地战胜苦难的过程中,才能感受成功的幸福,强者的喜悦。"

在这一九八六年四月末的一天,在唐古拉山的千里雪风中,我感悟了藏北草原之于我的意义,理解了长久以来∨使我魂牵梦绕的、使我灵魂不得安宁的∨那种极端的心境和情绪的主旋律就是▲——渴望苦难。

渴望苦难,就是渴望暴风来得更猛烈一些,渴望风雪之路上的九死一生,渴望不幸联袂而至,病痛蜂拥而来,渴望历史磨难的天涯孤旅,渴望艰苦卓绝的爱情经历,饥寒交迫,生离死别……渴望在贫寒的荒野挥汗如雨,以期收获五彩斑斓的精神之果,不然就▲一败涂地,一落千丈,被误解,被冷落,被中伤。最后,▲是渴望轰轰烈烈∨或是默默无闻的献身。

我在这一天∨想到这些,而这一天正是我的日子:在今天∨我满三十三周岁。

这个年龄,早过了"为赋新词强说愁"的年龄了。我的笔下,也早就拒绝了"哀伤"、"痛苦"之类的字眼。我们倾心注目于人类的大苦难。我们有了使命感。幸福未曾使我迷过,苦难却常使我警醒。要是有一百次机会让我选择,我必将第一百零一次地▲选择苦难。

大鱼和小鱼的故事

朗诵要领:忧伤的基调,舒缓的节奏。文章可以采用男女声分角色朗诵,突出大鱼和小鱼的声音对比。小鱼的声音造型:性格天真活泼,句型跳跃、语调轻快,声音清脆、圆润,气息采取高声位;大鱼的声音造型:突出稳重的性格特征,音区定在中下,运用实声,避免轻浮虚空。结尾处收声落调,采用轻、低、缓的节奏结束全文。

背景提示:一个美丽的童话,一个略显忧伤的情感故事。

遥远∨遥远的一个海里,有一只很漂亮∨但是很孤单的大鱼。他没有朋友,没有玩耍的伙伴,没有自己的小窝,每天只是寂寞地在最深∨最冷的海底游荡,有很多的海草经常缠绕着它,他在这些美丽∨或不美丽的海草中穿行,听着寂寞的声音,一滴∨一滴,如它吐出的气泡。

有一天,他终于厌倦这种冰冷和缠绕了。他向上游去,感觉到水变暖了,但是心底∨仍是寂寞的声音。当他把头探出水面时,看到了温暖的太阳,明媚的世界,阔阔的海风,还有,还有,近处一朵浪花上∨坐着一条红色的小鱼。小鱼稳稳地坐在上面,随着浪花来来回回,仿佛坐摇篮一样,好开心的样子。

小鱼也看到他了,很热情地向他打了个招呼:"嗨,老头鱼,你好啊?"
<small>清脆、甜美,热情的语气</small>

嗯?这只鱼吓了一跳,我有这么老吗?她居然叫我老头鱼?他很生气地说,"你好没

有礼貌啊,我还很年轻的,怎么能叫我老头呢?"

小鱼∨哦了一声,装作明白了的样子,重新打招呼说:"你好啊,老爷爷鱼。"

他气得∨切切地咬了几下自己的牙。

〔调侃的语气〕

小鱼嘻嘻笑着说:"再敢提意见,就叫你∨老不死的鱼。试试哦。"

〔可适当加入笑声辅助表达〕

他被气得没办法,就只好笑了。心里想,有意思的小鱼。

〔笑声〕

小鱼顺手拿出一个铁丝编成的空圈,舀了些海水,做成了一个水镜,然后递给他,一撇嘴说:"自己看看吧,好寂寞∨好老的样子。"

〔嫌弃的语气〕

他自己看了看,吓了好大一跳,的确是,一条寂寞的∨憔悴的鱼。

小鱼把镜子收回去说:"你一定是经常待在下面的缘故了,要记得经常上来晒晒太阳

〔自信、得意的语气〕

了,像我这个样子,关于晒太阳∨我是非常有经验的,哪里不懂∨来问我好了。"

新鲜啊,没听说晒太阳∨还有什么说法。他想着,"那你说说吧。"

小鱼笑了,说啊,其实简单的。就是当有太阳的时候,你就出来,开始晒喽。

〔笑声〕

大鱼笑了。这个充满了阳光味道的小鱼,挺有趣的啊。

〔笑声〕

这样子,大鱼和小鱼成了朋友。经常斗斗嘴啊,聊聊天啊。大鱼来海面的时间∨越来越长了。时间长了以后,他们就成了好朋友了。

大鱼很冷的,小鱼很暖的;大鱼很硬的,小鱼很软的;大鱼很忧郁的,小鱼很快乐的;大鱼很粗暴的,小鱼很温柔的;大鱼很安稳的,小鱼∨很淘气的,这只是∨它们的表现。其实∨大鱼也会很暖,小鱼也很冷;大鱼也会快乐,小鱼也会忧郁;大鱼也会淘气,小鱼也会安稳;大鱼也会温柔,小鱼∨却不会粗暴。

两只很不同的鱼∨在一起会怎么样呢?当然经常吵架。有时会吵到夜里两点,小鱼很气的,大鱼不爱哄她,一甩尾巴∨游到深海里去了。小鱼坐在浪花上对着月亮哭,眼泪一滴一滴地掉进海里,可大海毕竟太大了,这点眼泪算什么呢?小鱼想了想∨就不哭了,没人哄,自己哄算了。她就自己坐在那里看着星星的大眼睛,对自己说:"小鱼小鱼别生气,我来我来哄哄你。惹你生气我不对,以后不再发脾气。真的对不起,以后一定爱护你。"说着∨她自己就笑了,脸上还挂着泪光呢。

其实大鱼∨没那么狠心了,他在远远地看着小鱼呢。看到她自己哄自己,可是他不好意思过去。第二天∨他会装作什么也没看见的样子,又来找小鱼玩。小鱼很好哄的,睡了一觉以后∨就不记大鱼的仇了,看到他还是好开心的样子。

慢慢地，日子这样一天一天过去了。大鱼开心的时候∨也会逗逗小鱼的，有时候他被水底的海草缠绕时，也会想一下那只浪花上坐着的小鱼∨在做什么。彼此虽然不同，但不妨碍他们互相地惦记。//

大鱼虽然喜欢和小鱼一起玩，但他是喜冷的鱼，他的家∨毕竟是在海底。海底的石
_{换语气,体现段落感}
头虽然冷，海底的草∨虽然乱，海底的世界虽然寂寞，但对于他来说∨都是无比的真实。浪花上的小鱼∨虽然有趣，虽然温暖，▲但是对于他来说，越温暖∨就越虚幻，越明亮∨就越遥远。

海里的任何鱼∨都不能为对方改变自己的属性的。不是不想改变，是不能改变。无论暖的变冷、还是冷的变暖，无论海上的到海下、还是海下的到海上定居，都只能是一种结局，因为无法适应∨而死去。

大鱼∨来得多了，他已经感觉到不舒服了。他的鳞片在脱落，防卫的外衣∨在变软，这对他来说∨是可怕的现象，∨∨最后一次，他告诉小鱼，他不能再来看她了。浪花上的小鱼∨点点头，很乖的，不吵不闹，因为她心里都知道，这是他们最后一次∨一起晒太阳了。海面上∨微风轻轻吹着。大鱼的皮肤感觉到了痛，小鱼的心里∨感觉到了痛。小鱼的眼泪∨又一滴滴地掉进了海里。

她看着大鱼说："大鱼，我好想和你再吵一架。然后记得你坏坏的样子，就不用想你的好了，就不会▲很想你很想你了。"

大鱼看着小鱼，心里很难过，慢慢地说："你是我最讨厌最讨厌最讨厌的小家伙了。"
_{语速缓慢,言不由衷的语气}
然后∨他慢慢地把自己沉了下去，闭上眼睛，一片黑色，没有小鱼的声音了，只有海风的呼啸▲隐隐传来。

大鱼终于回到了海底。//

很多年过去了。他再也没到海面上去过。因为他是勇敢的大鱼。偶尔∨他也会想
_{换语气,体现段落感}
起那只小鱼，不知道她过得怎么样了，有没有找到一个快乐的同伴一起玩耍呢，是不是偶尔∨会想起我呢。也曾托流动的海潮去探问一下她的消息，所有的回复都是，没有什么人见过那条浪花上的小鱼。

后来的一天，大鱼出去散步，突发奇想，很想到海面上转转，他向上游着，游到半路上∨忽然发现一个奇怪的东西，一架倒立的小鱼骨。肯定很多年了，鱼骨都被海水刷成了奶白色了。只是奇怪，她还是头向着下的，仿佛尽管是死去，她也想游到底。

大鱼游近了，忽然▲他不动了，化成了灰他也会认得出她的，这正是那只▲浪花上的小鱼。

她来找他了，但是她太小了，她不能适应这种寒冷，却依然保持她心里的愿望，给这

海洋一个倒立的身影,给这海洋一个游到底的决心,也给了这海洋▲一颗爱着的心。

　　大鱼抱着小鱼,仿佛抱着一个世上最好的宝贝,用最轻的最柔的动作,慢慢地游着,向下游着,向底游着,游着……

　　没人能看到他的泪,因为他,▲在水里。

（百度文库）

练习篇

四月雨花台

宋洪南

朗诵提示： 舒缓的节奏，尤其体现在文章开头和结尾。中间部分稍显凝重，语气分量应加重。声音应大气、舒展，用声中音区，虚实声结合。文章前两段注意体会情景再现、营造氛围。

四月的一个清晨，我们去雨花台。柔柔的轻风带着沁人肺腑的清新和凉爽，从车窗外徐徐吹来。雾像是春夜遗忘在树梢上的轻纱，朦胧了梧桐树那嫩绿的风姿。远方深绿色的轮廓依稀地描绘出山的沉稳。柏油马路两旁，种满了油菜，花竞相地开着，稠密的一片金黄，海一般漫向远方。让人心醉的江南春晓，我们来到雨花台。

也许，就是在这样的一个早晨，他站在嫩黄的油菜花丛中，春风温柔地爱抚着他凌乱的头发和褴褛的衣裳。他的身体与微风中的黄花一样微微颤抖，他绝不是害怕面前黑洞洞的枪口，而是用意志支撑着饱经摧残的身躯，使它不在敌人的面前显示丝毫的软弱无力。枪响了，他的目光掠过晨曦中朦胧的远山，滑向金黄的花丛中。鲜花淹没了他的身躯，他嗅到一丝血腥，也嗅到那种淡淡的油菜花香。

可能已经没有人记得他的名字了，数十年的记忆变得很抽象，抽象得只剩下一个概念：活着，不息地追求理想；倒下，便化作长满青松翠柏的山梁。在青山脚下，有一座巨大的花岗岩群雕像——一群不屈的共产主义战士的身影。这里面一定有他，手铐仍然紧锁着他的双手，可他的心早已插上翅膀，在天地间自由地翱翔。

我拾起一块斑斓的雨花石，有人说是鲜血的浸泡，石上才有了美丽的花纹。可我觉得仅有血的殷红未免太单调，这璀璨的斑斓分明是思想的凝结，聚集着深沉的追求和向往！这种追求是何等的珍贵啊，甚至值得为之牺牲生命！

我来到山顶的烈士纪念碑下，眺望着春晖中的金陵城，雾已散尽，入眼的是一片锦绣繁华。一位少妇牵着蹒跚学步的小孩，孩子那红润的小脸透出健康和可爱。雕像前，孩子昂首仰视，在妈妈的指点下，唤着叔叔、阿姨……站在雨花台上，大半个世纪的时光可能只是匆匆的一瞬。不远的地方，他们一定能听到这充满童真的清脆的呼唤。

奔跑

阿紫

朗诵提示：激昂慷慨的基调，"奔跑"是文章的精神所在，并在不同的语境中重复，声音尽量有所变化，以体现层次感。本文集中了感情的高低起伏、声音的抑扬顿挫，适于旨在提高朗诵水平的训练。

自从飞翔的翅膀被那场暴风雨折断，奔腾的生命就一直向往用奔跑的方式穿越苦难。

对于失去的翱翔，不再用号叫质问耳聋的苍天，擦干猩红的泪水，拾起卸落的残翼，点燃狰狞的黑暗。

我能听到死亡在暮色中的召唤，深知我的生命是后一分钟碾落前一分钟的期限，因此，我必须奔跑！必须奔跑！不是为了逃离阴冷的墓穴，也不是苛守从起点出发就必须到达终点，而是担心我死后，会使爱我的人啊孤单。

我奔跑——

我向着灵魂奔跑，将肉体的藩篱和干瘪的软弱一起击落，摇醒眼睛，摇醒心脏，磨亮无语的沉默，在空旷的胸口悬挂精壮的图腾，让低沉的念头和末日的悲叹一起灰飞烟灭，就这样——就这样，让呻吟和恐慌不再把有限的生命挥霍。

我奔跑——

我向着你奔跑，你的田野，生长着我世世代代的太阳，你的河流注满我岁岁年年的甘甜。你的宽容博大，你的顽强勇敢，都是我能立于苍茫，披风沐雨的力量和支撑希望的源泉。就这样——就这样，可以允许生命的短暂，但绝不允许脚步在泥泞中的腐烂。

自从飞翔的翅膀被暴风雨折断，我就开始用蹄掌扬起信念。

自从飞翔的翅膀被暴风雨折断，我就用奔涌的生命，用崩裂的呐喊，开始了——开始了用奔跑——用奔跑——穿越——穿越——苦难——

给我一个解释

张晓风

朗诵提示：深情包容的基调，用生活中常见的场景讲述、抒发对生命的热爱。

除了神话和诗，红尘素居，诸事碌碌中，更不免需要一番解释了。记得多年前，有次请人到家里屋顶阳台上种一棵树兰，并且事先说好了，不活包退费的。我付了钱，小小的树兰便栽在花圃正中间。一个礼拜后，它却死了。我对阳台上一片芬芳的期待算是彻底破灭了。

我去找那花匠,他到现场验了树尸,我向他保证自己浇的水既不多也不少,绝对不敢造次。他对着夭折的树苗偏着头呆看了半天,语调悲伤地说:

"可是,太太,它是一棵树呀!树为什么会死,理由多得很呢——譬如说,它原来是朝这方向种的,你把它拔起来,转了一个方向再种,它就可能要死!这有什么办法呢?"

他的话不知触动了我什么,我竟放弃退费的约定,一言不发地让他走了。

大约,忽然之间,他的解释让我同意,树也是一种自主的生命,它可以同时拥有活下去以及不要活下去的权利。虽然也许只是调了一个方向,但它就是无法活下去,不是有的人也是如此吗?我们可以到工厂里去订购一定容量的瓶子,一定尺码的衬衫,生命却不能容你如此订购的啊!

以后,每次走过别人墙头冒出来的、花香如沸的树兰,微微的失怅里我总想起那花匠悲冷的声音。我想我总是肯同意别人的——只要给我一个好解释。

至于孩子小的时候,做母亲的糊里糊涂地便已就任了"解释者"的职位。记得小男孩初入幼稚园,穿着粉红色的小围兜来问我,为什么他的围兜是这种颜色。我说:"因为你们正像玫瑰花瓣一样可爱呀!""那中班为什么就穿蓝兜?""蓝色是天空的颜色,蓝色又高又亮啊!""白围兜呢?大班穿白围兜。""白,就像天上的白云,是很干净很纯洁的意思。"他忽然开心地笑了,表情竟是惊喜,似乎没料到小小围兜里居然藏着那么多的神秘。我也吓了一跳,原来孩子要的只是那么少,只要一番小小的道理,就算信口说的,就够他着迷好几个月了。

十几年过去了,午夜灯下,那小男孩用当年玩积木的手在探索分子的结构。黑白小球结成奇异诡秘的勾连,像一扎紧紧的玫瑰花束,又像一篇布局繁复却条理井然、无懈可击的小说。

"这是正十二面烷。"他说,我惊讶这模拟的小球竟如此匀称优雅,黑球代表碳、白球代表氢,二者的盈虚消长便也算物华天宝了。

"这是赫素烯。"

"这是……"

我满心感激,上天何其厚我,那个曾要求我把整个世界——一解释给他听的小男孩,现在居然用他化学方面的专业知识向我解释我所不了解的另一个世界。

如果有一天,我因生命衰竭而向上苍祈求一两年额外加签的岁月,其目的无非是让我回首再看一看这可惊可叹的山川和人世。能多看它们一眼,便能多用悲壮的、虽注定失败却仍不肯放弃的努力再解释它们一次,并且也会欣喜地看到人如何用智慧、用言词、用弦管、用丹青、用静穆、用爱,——对这世界作其圆融的解释。

是的,物理学家可以说,给我一个支点,给我一根杠杆,我就可以把地球举起来——而我说,给我一个解释,我就可以再相信一次人世,我就可以接纳历史,我就可以义无反顾地拥抱这荒凉的城市。

(《张晓风散文》,浙江文艺出版社 1997 年版)

莲在江南

刘学刚

朗诵提示：文章借着描述江南"莲"的清丽，在轻柔舒缓间吐露心声。朗读时，前一部分用声偏虚，营造对莲的向往与追求，后一部分则可用声偏实，表现听从心灵的率真。

莲在江南，犹如菊开东篱，是一种遥远的妩媚。

"江南可采莲，莲叶何田田。"人生最幸采莲人。乘一叶扁舟，载一船清香，携一帆柔风，低眉抬眼之间，望不尽白云碧水、绿叶红莲。此花端合在瑶池，人间能得几回现？惟有江南，惟有水光潋滟的江南、烟雨空濛的江南，才能滋养出这般绝世的红颜。有花堪折直须折，莫留残荷听秋声。

站在北方的池塘边遥望江南，那该是十分荷叶五分花的清丽意境吧。叶是粉墙黛瓦，花是款步而行明明朗朗的江南女子。所有的江南女子都叫莲花。莲花在青山上采茶，莲花在碧水边浣衣，莲花在园林里扑蝶。她们的清眸如水，她们的黛眉如烟。她们有的叫小荷，有的叫芙蓉，腰肢轻摆，她们都是朵朵含笑出水的莲。

徜徉在诗词歌赋的古典里，很古色古香地触摸莲花，我阅读的手指如呼吸梳过美女的云鬓，是一种麻酥酥绵软软微颤颤的感觉，眼睛被一些嫩藕鲜荷润泽着，不由得湿润润亮闪闪清澈澈了。此刻，莲花就在我的掌心。楚腰纤细，莺歌宛转，吴娃双舞醉芙蓉。古典的莲花，简直就是一个美丽温柔娇艳的代名词。凌波微步，罗袜生尘。古典的莲花，象征着端庄静美优雅高贵的东方神韵。少年会老，岁岁年年，莲花依然是最初的容颜，如初恋清纯依旧颜色不改。既然今生注定不是蛟龙，何不做游鱼一尾，去嬉戏莲叶间，摇落满天的星星成晨露，一开口就是一些莹澈的话语。池面风来波艳艳，波间露下叶田田。在水的透明中轻揽莲花的腰肢，再也不让多愁善感的姑娘撑着碧罗伞，独自在雨季里哀怨又彷徨，鱼是幸福的。在诗词的长河中，撑一支长篙，向莲花更深处漫溯，眼睛是快乐的。

北方杯水难以邀莲。江南多水，多以莲为芳名的女子，羞答答娇滴滴水灵灵在江南的夏天开放，默默又脉脉、幽幽又悠悠地飘着清香。选择夏天，去江南采莲，这于信奉不到长城非好汉的北方，是不是一种行为的背叛？我觉得在柔婉可人芳香醉人色彩迷人的莲花面前，勇敢地吐露真诚，是一种忠实生活回归自我，从心灵出发抵达心灵的率真表现。爱写在诗笺上，却埋在面具里，到了中年，再去做个采莲人，却要跨过一座长长的廊桥。那是横亘在红尘与理想之间的一座奈何桥啊，等在季节里的容颜也只能如莲花般的开落，红衰翠减。

"江南可采莲，莲叶何田田。"就在夏天，就在今年，打点心情，架起小船，去江南采莲。

（《中国文化报》2008年8月26日）

寂寞的美丽

朗诵提示：视角独特，赞赏肯定的基调。

寂寞是心灵的慎独，若开放在高山之巅上的雪莲花，美丽、静肃！在独处的岁月流中，悄然绽放在自然界的天地间，孤寂，傲然！

寂寞着的人细数着生命漫漫的风流，歌者便从此印象于心灵的颂扬之中，寂寂的风华于无限的意境和神往中，灿燃生发！

寂寞其实更应是一朵开放在心灵深处最美丽的花，扎根于孤独的土壤，自我生发，自我妍丽。花开绝世的美，花谢也凄寂的风流，在流过的心海上徜徉。

人应该是需要点寂寞的，在专注于一项事业或研究成果时，寂寞和孤独便是日子的从容。淡然处世，潜心于自己的学术之中，这样的孤独和寂寞如孕育着的花蕾，也经受着失意的风雨，承载着攻克的喜悦，一步步地迈向成功的彼岸！

寂寞是精神领域最为素雅的一笔，当追求事业的坚贞自心灵深处溢于钻研之中，自我的孤芳自赏便如花开的幽香，诠释着人性的美。与生俱来的所有浮躁被模糊淡忘成弃后，重现芬芳的心灵花香，便细细地品，细细地孤独风流！

寂寞的美同时也散发着太多的绪动，诱惑着我们的情感。只有真正做到寂寞与美与孤独共有，才会拥有我们自己数载人生培育的花，且愈长愈香愈浓。

（文章阅读网）

感恩母亲恩情

朗诵提示：朴实深情的基调，用自然的用声状态、质朴的语言表现感人的细节。内容的步步推进，需要声音的层次感。

儿时，小男孩家很穷，吃饭时，饭常常不够吃，母亲就把自己碗里的饭分给孩子吃。母亲说，孩子们，快吃吧，我不饿！——母亲撒的第一个谎。

男孩长身体的时候，勤劳的母亲常用周日休息时间去县郊农村河沟里捞些鱼来给孩子们补钙。鱼很好吃，鱼汤也很鲜。孩子们吃鱼的时候，母亲就在一旁啃鱼骨头，用舌头舔鱼骨头上的肉渍。男孩心疼，就把自己碗里的鱼夹到母亲碗里，请母亲吃鱼。母亲不吃，母亲又用筷子把鱼夹回男孩的碗里。母亲说，孩子，快吃吧，我不爱吃鱼！——母亲撒的第二个谎。

上初中了，为了缴够男孩和哥姐的学费，当缝纫工的母亲就去居委会领些火柴盒拿回家来,晚上糊了挣点分分钱补点家用。有个冬天,男孩半夜醒来,看到母亲还躬着身子在油灯下糊火柴盒。男孩说,母亲,睡了吧,明早您还要上班呢。母亲笑笑,说,孩子,快睡吧,我不困!——母亲撒的第三个谎。

高考那年,母亲请了假天天站在考点门口为参加高考的男孩助阵。时逢盛夏,烈日当头,固执的母亲在烈日下一站就是几个小时。考试结束的铃声响了,母亲迎上去递过一杯用罐头瓶泡好的浓茶叮嘱孩子喝了,茶亦浓,情更浓。望着母亲干裂的嘴唇和满头的汗珠,男孩将手中的罐头瓶反递过去请母亲喝。母亲说,孩子,快喝吧,我不渴!——母亲撒的第四个谎。

父亲病逝之后,母亲又当爹又当娘,靠着自己在缝纫社里那点微薄收入含辛茹苦拉扯着几个孩子,供他们念书,日子过得苦不堪言。胡同路口电线杆下修表的李叔叔知道后,大事小事就找碴过来打个帮手,搬搬煤,挑挑水,送些钱粮来帮补男孩的家里。人非草木,孰能无情。左邻右舍对此看在眼里,记在心里,都劝母亲再嫁,何必苦了自己。然而母亲多年来却守身如玉,始终不嫁,别人再劝,母亲也断然不听,母亲说,我不爱!——母亲撒的第五个谎。

男孩和她的哥姐大学毕业参加工作后,下了岗的母亲就在附近农贸市场摆了个小摊维持生活。身在外地工作的孩子们知道后就常常寄钱回来补贴母亲,母亲坚决不要,并将钱退了回去。母亲说,我有钱!——母亲撒的第六个谎。

男孩留校任教两年,后又考取了美国一所名牌大学的博士生,毕业后留在美国一家科研机构工作,待遇相当丰厚,条件好了,身在异国的男孩想把母亲接来享享清福却被老人回绝了。母亲说,我不习惯!——母亲撒的第七个谎。

晚年,母亲患了重病,住进了医院,远在大西洋彼岸的男孩乘飞机赶回来时,术后的母亲已是奄奄一息了。母亲老了,望着被病魔折磨得死去活来的母亲,男孩悲痛欲绝,潸然泪下。母亲却说,孩子,别哭,我不疼。——母亲撒的最后一个谎。

(文章阅读网)

日月山

朱可

朗诵提示:用声平实,语速稍慢,体会边思索边朗读的状态。

时间在这里兀自定格,那么缓慢、绵长,让人仿佛从有限走向了无限。

我们行走在青藏线上,与千年前的唐蕃古道偶有遇合。

1300多年前,文成公主入吐蕃时经过这片赤岭,登临山顶东望长安。在苍茫的汉藏古道上,她毅然抛下了日月镜。镜子一分为二,化为金日银月,"赤岭"因此改名"日月山",山顶建起两座遥遥相望的日亭和月亭。千年前旅人的足迹早已消失在茫茫荒野中,日华与月影却依旧当空,日也未换,月也未改。

　　山顶的"回望石",令人遥想公主回望故乡的身影。抚石追忆,我们无从知晓公主当年所思,只听到高原的风带来零落细语。山遥水远,和亲的队伍走上三年才能到拉萨。这世上大概没有几个新嫁娘的路途如漫漫征程,行走得如此风尘仆仆。不灭的尘埃归于沉寂,上千年后,是否在这条路上被我们重新扬起？如果行走的躯体属于我们,心藏于身内,那我们又是借了谁的眼,从高处望见尘烟古道上渺然的自己？

　　日月山周围,一景一物总关情,千年前的公主成全了这里的景色,但山水如故,人迹杳远。在高原的风中,我们这些后来者的双眼始终干涸,只觉得天地悠悠的怆然。这种感觉无处释放,等离开了日月山很远,回望已无从回望,只余下怀想时,心上的潮湿才一点一点洇开来。山总在这里,人却不知漂游何处。我们匆匆而过,谁知是否便成参商之隔。

(CCTV 电视诗歌散文《高原印象(二)——雪山苍茫》)

与风相遇

吕国荣

朗诵提示：文章立意深刻,言简意赅,运用对比刻画风于无形中彰显的力量。语气坚定,语速稍慢。

　　在风中,人和一棵草有什么不同？从地里长出来的草,无论多大的风也吹不到它的根。而人并不比草更强大,尘土般滚动时,所有的语言也失去从容。

　　一棵光秃秃的树,在风中坚持,等待可能飘回来的叶子。在同样的风中,一棵无叶的树,比佛化的菩提树显得更为空灵。

　　漫漫长夜,哪位先哲点燃的第一盏油灯,照亮了尘世。怎样的风吹皱了他的脸,他不死的灵魂？

　　如无声的阳光,漫过空荡荡的天空和孤独的大地,隔着风声,我们看见一批批背影,穿过无边的黑夜,渐渐远去。

　　风,多么抽象,好像是从身边悄悄溜走的时光,不声不响地把我们的生命展开。当我们回头时,只能捡拾一把碎片。

(中央电视台文化频道)

踏雪寻梅（节选）

胥智慧

朗诵提示：清新优雅的基调，虚实结合的用声，轻巧的吐字，渲染冰雪中"寻梅"的宁静与纯净。

踏雪寻梅，仿佛是宿命的约定，这约定，期待了三生，穿越万水千山，才与我悠然地邂逅。我踏雪而来，没有身着古典的裙衫，没有斜插碧玉簪儿，也没有走着青莲的步子。我寻梅而来，没有携带匆匆的行色，没有怀揣落寞的心情，亦没有心存浓郁的相思。我只是来轻叩深深庭院里虚掩的重门，来寻觅纷纷絮雪间清淡的幽香，来拾拣惺惺岁月里繁华的背影。

我拾径而上，漫步在幽静的梅园，立于花影飞雪之间，恍若隔世遥云，浮游仙境。百树梅花，竞相绽放，或傍石古拙，或临水曲斜，那秀影扶风的琼枝，那暗香穿盈的芳瓣，无须笔墨的点染，却是十足的诗味沉酣。人入梅林，絮雪埋径，又怎会在意红尘的纷呈变化？又怎会去计较人生的成败得失？如果你选择了宁静，浮华就会将你疏离。

雪中寻梅，寻的是她的俏，她的幽，她的雅。那剪寒梅，是青女轻捻玉指，散落人间的思绪；是谢娘彩衣倚栏，观望吟咏的温婉。"疏影横斜水清浅，暗香浮动月黄昏。"疏影暗香，如此高雅的意境，暗合了林和靖悠然隐逸的恬淡情怀。林和靖一生隐居孤山，依山种梅，修篱养鹤。他淡泊名利，绝意仕途，梅为妻，鹤为子，清莹的冰骨，宛然的风节让后人称叹。苦短人生，有几人舍得轻轻抛掷；锦绣年华，又有几人不去孜孜追求。纵有高才雅量，也未必能看淡世事的消长，悟出生命的真意。

雪落人间，舞弄如絮的轻影，穿庭弄树，推窗问阁。我飘忽的思绪，在无岸无渡的时空里回转，我恬静的心怀，在花香酣梦的风景里吟哦。"江南无所有，聊赠一枝春。"梅花宛如知己，将某个温暖的瞬间凝望成永恒。一枝梅花，牵引出云梦般的往事，试问那位遥远的故人，是否还会记得这个素衣生香的女子？折一枝寒梅，寄与故人，若干年后，如果再度相逢，是否还会记得曾经青翠的记忆，记得昨日遗失的风景？天地间，雪花以轻盈的姿态做一次洁白的回想。追思过往，那些苦乐的年华，在寻梦者的眼睛里演绎着生命最初的乐章。

行走在幽境之中，所有的浮躁都会随之沉淀。见地上雪色晶莹，残香如梦，不由想起陆游笔下的梅花，"零落成泥碾作尘，只有香如故。"在这里，梅花曲折的命运，如同陆游坎坷仕途的剪影，这位失意英雄因为梅花的别有韵致而显得更加高洁深沉。哪怕零落成泥，也不会忘怀她冰雪的容颜；哪怕碾作尘土，也会记得她翩然离去的背影；哪怕繁华落尽，也会永恒留存她淡淡的幽香。

亭阁楼台,可见人间春意;清风寒雪,自引庭院幽香。我仿佛行走在千年的风景里,在曲径通幽处寻找古人散落的足迹。冰洁无尘的梅花,以超然脱俗的气韵在翰墨里飘香,以轻逸若仙的风骨守护人间至真的纯净。那执手相看的身影,与世无争的高雅,感动着我踏雪寻幽的心灵。也想学古人寻觅清幽之处种梅赏梅,也想在匆匆流淌的时光里写出千古文章。此处,却成了无字之诗,任由思绪在梅与雪的呼应中,畅意游走。

那一片冰雪的世界里,有红装绿裹的孩童,在晶莹的冰层上追闹嬉戏,尽情地滑翔。那天真无邪的笑容,那忘乎所以的快乐,是一幅意趣盎然的生活画卷,舒展着他们飞天的梦想。不知谁家的孩子,他年还会来寻觅今日宛转的童贞,不知谁家的孩子,还会记得这一次追风逐云的冰上舞蹈。我从来没有这样向往远方,我希望借着鸟儿的翅膀,在碧空无垠的天际,在浩瀚清澈的冰雪中,做一次忘我沉醉的飞翔。

踏雪而来,乘风而去,离合的光影在明亮的阳光下升腾灵魂的舞蹈。或聚或散的梅花沉睡在冰雪的梦呓里,引领我年轻的生命到达春意盎然的地方。寻思古人,同样的赏梅,却有诗人把酒而吟的雅致,却有离人见梅思物的忧伤,更有老者抚今追昔的感慨。一缕诗心,穿越楚辞汉赋,流经唐诗宋词,飞度千山碎雪,抵达繁华的今世。江南梦逸,云水声寒,今生,我愿意做一剪轻逸的梅花,在风雪中傲然地绽放,带着今生的夙愿,带着隔世的梅香。

(CCTV 电视散文 http://www.cctv.com/program/dssgsw/20070115/101422.shtml)

真理常常很简单

朗诵提示:用声平实,叙述口气如话家常。以"我"的主观视角发现生活真理,在描述生活场景的细节中蕴含至理名言。语气平淡,语速稍慢,节奏舒缓。

路旁有两棵桃树,一棵在篱笆内,一棵在篱笆外。篱笆内的受保护,枝繁叶茂;篱笆外的常被人攀折,疏枝横斜。春天,它们都开粉红色的花,秋天都结黄红色的果。不同的是,外面的年年硕果累累,里面的总是稀疏的几枝。我天天走这条路,对这种现象不免困惑。直到有一年去一处果园参观,才知道果实的多寡与枝的疏密有关。枝疏者果众,枝密者果少。

大自然的许多奥妙与人生的某些现象常有相似之处。我有两位朋友,都是搞绘画的,一个在社会上流浪写生,一个在国画院做专职画家。流浪写生的,从城市到乡村,从山野到海滨,新疆、西藏、云南一路画去,食取果腹,衣取避寒,没有学术会议,没有国内国外的参展。心无旁骛,专心作画。做专职画家的人有十七个头衔,理事、会长、评委、顾问、指导老师,应有尽有。每年的工作也丰富多彩,作画、开会、剪彩、辅导、义卖、参展、评奖,不一而足。

1998年,两岸文化艺术节上,他们的画共同在文化宫展出,来自国外和台港澳的人士参观后,花高价买走了流浪画家的所有作品,专职画家的画一幅都没卖出。他很是伤心,来我家找先生喝酒,先生不知如何劝他,只说,他们有眼不识金镶玉,我看你的画就不错。我知道这是先生的鬼话。其实,谁心里都明白,他如果把身边的事减少到用手指数清的程度,是不致如此的。

在这个世界上,简洁而执著的人常有充实的生命,把生活复杂化的人常使生命落空。这样的道理不是每一个人都明白的,尤其是那些在世俗的道路上走得太远的人。

(《东西南北》1999年第12期)

毕业(节选)

朗诵提示:毕业之际,作者对校园生活的回忆。回忆是色彩斑斓、酸酸甜甜的。不同的回忆场景用不同的语调表现,避免单调。

毕业,就像一个大大的句号,从此,我们告别了一段纯真的青春,一段年少轻狂的岁月,一个充满幻想的时代……

毕业前的这些日子,时间过的好像流沙,看起来漫长,却无时无刻不在逝去。想挽留,一伸手,有限的时光却在指间悄然溜走,毕业答辩,散伙席筵,举手话别,各奔东西……一切似乎都预想得到,一切又走得太过无奈。

每一天,我们都会有意无意地再逛逛校园,看一看它今天的样子,想一想四年前它如何迎来稚气未脱的我们。走了四年,似乎又走回到了起点。突然觉得,四年的同窗、身边的朋友,比想象中要和善、可爱得多!星光下的夜晚,每一个都温柔如风。

再看一看吧……

那赫然相对的男生楼,就在去年的这个时候,还曾经硝烟四起;

窗外的晾衣绳,飘荡着不知哪个宿舍落下来的白衬衫;

插着爱护花草牌子的草坪,记不清什么时候已经被抄近路打水的兄弟们踩出了一条小路;

路旁的女生楼,对男生来说,几乎成为永远的禁区;

综合楼自习室的门还开着么,考研时鏖战过几个月的那个屋子,如今应该没有什么人了吧。一直对那段埋头苦读的日子心存感激,不论结果如何,它让我收获了很多……

一幕幕的场景就像一张张绚烂的剪贴画,串连成一部即将谢幕的电影,播放着我们的快乐和忧伤,记录着我们的青春和过往,也见证着我们的友谊和爱情!

来到这片校园之前,想象大学生活是白色的。因为象牙塔是白色的,整个生活就好像它折射的光:纯净而自由。

大一的时候,觉得生活是橙色的。太多新生活扑面而来,新鲜而灿烂,热情而紧张。橙色的记忆里,有第一次见到知名教授的激动,第一次加入社团的好奇,第一次考试的紧张……

大二的时候,生活是绿色的,青春拔节生长,旺盛得像正在生长的树,梦想也一点点接近现实。跟老师讨论问题时,看见他脸上满意的微笑;跟老外对话时,给自己打了个满意的分数;开始熟悉校园里任何一处美食,也常常在BBS上待到很晚……

大三的时候,生活变成蓝色。我们冷静了下来,明白自己离未来究竟有多远,并要为此做出选择:出国,考研,还是工作。所有与这个决定相关联的一切都可能会变化,包括我们的爱情,那还年轻没经历过风雨的爱情。

大四的生活,像有一层薄薄的灰色。在各种选择里彷徨,每一个人都忙忙碌碌,一切仿佛一首没写完的诗,匆匆开始就要匆匆告别。

但那灰色里,却有记忆闪闪发亮。那些彩色的岁月,凝成水晶,在忙碌的日子里,它们是我们的资本,也是我们的慰藉。

七月,我们和去年学长毕业时一样,把行李装好了箱,一点点往外运,整个宿舍楼就这样在几天之内变回空楼,变成一个无限伤感的符号。记忆也同时从校园离开,收藏进内心的匣子,那是我们的流金岁月,也是我们的宝藏。

未来就像天空中一朵飘忽不定的云彩,而我们,从毕业这一天起,便开始了漫长的追逐云彩的旅程。明天是美好的,路途却可能是崎岖的,但无论如何,我们都有一份弥足珍贵的回忆,一种割舍不掉的友情,一段终身难忘的经历。

(http://ent.cctv.com/special/C18179/20070614/107903.shtml)

种花的邮差

朗诵提示:邮差的些许遗憾随着花籽的开花释然,不仅如此,更多的村民也乐享花香和色彩。第一段落的铺垫,语气沉闷,随着播种花籽、花开四季,语气渐趋明朗。

有个小村庄里有位中年邮差,他从刚满二十岁起便开始每天往返五十公里的路程,日复一日将忧欢悲喜的故事,送到居民的家中。就这样二十年一晃而过,人事物几番变迁,唯独从邮局到村庄的这条道路,从过去到现在,始终没有一枝半叶,触目所及,唯有飞扬的尘土罢了。

"这样荒凉的路还要走多久呢?"

他一想到必须在这无花无树充满尘土的路上,踩着脚踏车度过他的人生时,心中总是有些遗憾。

有一天当他送完信,心事重重准备回去时,刚好经过了一家花店。"对了,就是这个!"他走进花店,买了一把野花的种子,并且从第二天开始,带着这些种子撒在往来的路上。就这样,经过一天,两天,一个月,两个月……他始终持续撒播着野花种子。

没多久,那条已经来回走了二十年的荒凉道路,竟开起了许多红、黄各色的小花;夏天开夏天的花,秋天开秋天的花,四季盛开,永不停歇。

种子和花香对村庄里的人来说,比邮差一辈子送达的任何一封邮件,更令他们开心。在不是充满尘土而是充满花瓣的道路上吹着口哨,踩着脚踏车的邮差,不再是孤独的邮差,也不再是愁苦的邮差了。

人生如白驹过隙,时光飞逝,何妨留下善行,提供后人乘凉……

(《中山日报》2008年2月10日)

低了就好(节选)

吴克劲

朗诵提示:本文讲述了一个质朴的道理。讲述感强,语句娓娓道来,要避免说教腔调。重音"低头"、"低"多次出现,强调重音的方法避免单一,尝试用多种对比方式突出重音。

低在今天几乎要成为一种时尚了,低姿态,低腔调,低眉眼……还有就是低腰裤,在社会上已经流行了好些年,而且还有继续低下去的趋势。

对低的认识,我们还真的需要付出一些智慧。

初涉世事的年轻人,很少有这样的经验,往往率意而为,不思委曲求全,结果到处碰壁。譬如有美国之父称号的富兰克林,年轻时就很盛气凌人,有次去见一位老前辈,他挺胸昂首,大步而行,不料却碰在了门框上,迎接他的前辈不由得一笑,问他:"很疼吧!可这将是你这次拜访的最大收获。一个人活在世上,就必须时刻记住低头。"

无独有偶,苏格拉底也曾听人问过这样的问题:"你是天下最有学问的人,那么你说天与地之间的高度是多少?"苏格拉底的回答毫不含糊:"三尺!"问话的人不以为然,"我们每个人都有五尺高,天与地之间只有三尺,那不是要把天戳个窟窿。"苏格拉底笑了,说:"所以,凡是高度超过三尺的人,要想长立于天地之间,就要懂得低头呀。"

不晓得听过苏格拉底智性话语的人后来怎么样,倒是富兰克林从他撞了门框的经历中,悟出一个深刻的道理,并从此将其列为一生的重要生活准则,完成了他一代伟人的卓越功勋。

社会生活,错综复杂。我们身处其中,或多或少都有些值得骄傲的地方……然而"天外有天,山外有山",谁比谁强,谁比谁能,谁比谁高,都是动态的,发展的,有时还真说不准。因此,把自己看低一点,凡事都能谦虚谨慎,戒骄戒躁,多听大家的意见,对自己只有好处,没有坏处。

北京的电子一条街上,盛传着一位留美计算机博士的故事,他怀揣一摞子证书到心仪的电脑公司去求职,结果未被录取。三思之后,他以一名普通打工者的身份再次来到这家公司,被录取了。他从一名电脑程序员做起,由于业绩突出,很快提升为部门经理,接着又担任了新型软件开发的总负责人,进入了公司的决策层。在他担当部门经理时,他向公司出示了他的学士证,提拔为新型软件开发总负责人时,才又向公司出示了他的硕士证。后来,基于他的深厚潜质,公司还提拔他为副总经理,并割让出部分股权使他技术参股,到这时,他才亮出了他的博士证。

从低处走来,一步一个脚印,才会有自己辉煌的前途。

即使,抬眼已是"会当凌绝顶",也要注意不张狂,不傲慢,把自己看得低一点,因为前头的路还很漫长,说不定前头就有一道碰头的门框,你低着头,就碰不上,否则,没有不碰的道理。其实,把自己看低点,并不一定自己就低。

(《广州日报》2007年4月25日)

为了那盏温暖的灯(节选)

朗诵提示:颂扬积极的基调。尽管残酷的自然灾难让文章略显悲壮,但是用生命点燃的灯光却暖人肺腑。描述灾难场面语速快、节奏急,用声弹性大,有虚有实,抒情处放缓放慢。

2008年1月28日,历史将会怎样记住这一天?

这一天是腊月二十一,离大年三十只有9天了;

这一天,气温又在零下2摄氏度,持续了15天的冻雨已经把美丽的雪花演变成一场惊天大灾;

这一天,原本是两会的闭幕日,但湖南省最高决策层却早已冲到了冰灾最前线。省委省政府果断决定,在全省实行"千里大救援,千里大破冰,千里大分流"。

省委书记张春贤在京珠高速分流现场接到了一个来自中南海的电话。电话的那一头是总书记揪心的牵挂和殷殷的嘱托:要万众一心,要顽强拼搏,要确保人民群众的生命安全;

这一天,一架飞机从北京紧急起飞,飞机上坐着的是共和国的总理。这架在空中便开始忙碌起来的飞机,居然还不知道它的降落地点。起飞后才得知长沙无法着陆,只好改降武汉,再乘火车转到长沙。

在长沙,总理一声真诚的道歉,温暖了火车站的滞留旅客;一个深深的鞠躬,更是感动了电视机前的亿万观众。

总理哽咽着对为抢修电网而牺牲的三位烈士家属说："他们都是人民的好儿子,你们应该为有这样的好儿子、好丈夫、好父亲感到自豪。今天面对你们,我无法用更多的语言表示安慰,我给你们鞠个躬吧!"

是什么让共和国的总理如此动容?又是什么让一座冰封的城市,为他们那么悲伤?是什么让湖南、让全国流淌着无尽的敬仰?

是灯,是寒夜中那盏温暖的灯!

时断时续的电,时有时无的灯,在冰雪中,在灾难中,是那么珍贵,那么离不开。如果不是烈士的突然离去,我们甚至都感觉不到,平常习以为常的电,来得竟是那般不易。

英雄们正是为了保卫你我家中的那盏灯冲上去的。

电网快承受不住了,超历史记录的冰冻已压垮了湖南百分之四十三的电力。更大的危险随时都有可能发生,那就是整个电网的瘫痪,整个湖南陷入黑暗,跌入冰窟。

没有任何选择,没有其他办法,只有除冰,人工除冰。爬上飘摇中的高压铁塔,用木棍、用锤子、用血肉之躯,一块块、一次次地去敲掉冰,去敲掉那些以每小时1毫米速度加厚的冰。

这是一次与人类极限的挑战,是一次捍卫生命线的搏斗。

1月26号,罗长明、罗海文、周景华三人所在的电力抢修队,在警报声中,冲上长沙市望城县桥立镇的险情发生点。只见43号铁塔的表面已经结上了一层50多毫米厚的冰,那已经超过负载极限的两倍。

这是一场明知山有虎,偏向虎山行的壮烈出征。50多米高的铁塔,刀割一般的风,最原始的木棒和自己身体的热量,这就是他们每天战斗17个小时的唯一武器。

下午一点左右,不幸的灾难突然降临。先是隔壁44号铁塔垮塌,紧接着他们抢修的43号铁塔被电线拉垮,锋利的角铁一瞬间截断了罗长明身上的保险绳和安全带。罗长明从50米的高空坠落,当场遇难。周景华、罗海文也随着铁塔轰然倒地,身负重伤。

闻讯而来的同伴抱起生命垂危的战友,在村民喊出的救命小道上疯狂爬行。虽然他们以最快的速度将一路滴血的战友送到了医院,但终因伤势过重,抢救无效,两位勇士也不幸身亡。

茫茫大地,三顶散落在雪地中的安全帽,还在默默地等候着他们的主人。烈士周景华早就答应过结婚十年的妻子,春节回家的时候,无论如何都要补拍一张结婚照。

"景华,你答应了我的,你怎么可以说话不算数呢?柴米夫妻,没有当今年轻人那么多时髦的想法,但是这张结婚照,我可是等了十年啦。"

烈士罗海文的妈妈,三天前才给儿子过完34岁的生日。那天热气腾腾的长寿面还没吃完,罗海文接到一个抢险电话就匆匆出了门。

"儿啊!过年大家都是往家里赶,你怎么就偏偏往外头跑呢,还跑得再也回不来了。

娘不该呀！娘那天就该逼着你把那碗长寿面吃完的。要是吃完了你不就没事了吗？要是吃完了，你肯定就能平平安安地回来。"

1月30号是告别三位烈士的日子。三十里星城长街，挤满了悲痛的送行人群。自发前来护送灵车的出租车排了两公里；扫雪的环卫工人放下手里的铁锹；值勤的交警脱下警帽；除冰的解放军战士敬上军礼；经过的店铺门口，市民们自发地燃起鞭炮；困在家里半个月的人们，冒着严寒伫立街头，久久不愿离去，向三位英雄敬上最后一个注目礼。

他们遇难的姿势击穿了湖南的大雪；他们最后的飞翔，把世间所有的感激和伤悲都永远抛在身后。他们是为大家驮着冬天和寒冷远去的。

亲爱的朋友！当你回家打开那盏灯的时候，你可千万别忘了他们的名字：罗长明、罗海文、周景华。

(改编自2008湖南卫视赈灾春晚上的朗诵作品《为了那盏温暖的灯》)

现代诗歌朗诵

―――――― 诗歌朗诵提示 ――――――

我们在诗歌朗诵时通常遇到的问题是不能用声音表现意境,这也是初学者学习的困惑。如何解决呢?必须认识到,诗歌用凝练的语言表达丰富、深刻的内心世界,需要朗读者在意每一句、每一个字的处理,精雕细琢,在表达时体现"润物细无声"的细腻,而非仅仅追求通顺地读读罢了。也有用所谓"诗歌固定腔调"的声音形式朗诵,声音形式貌似高低起伏抑扬顿挫,实则是没有稿件依据的声音外壳。所以避免拿腔拿调的"拖腔"、"念字",也是在朗诵时特别要注意的。

解决以上问题的方法有如下两点,供大家参考:一、通过了解诗歌创作的背景、深度把握基调。二、韵味和节奏是诗歌的神采,日常多读诗勤体会,培养语感。

朗读标注

▲ 短暂停顿,表示"声断意还连,情还在",比 ∨ 停顿时间稍短
∨ 停顿
∨∨ 停顿时间比 ∨ 稍长
⌒ 连接
// 层次转换
‥ 重音
↗ 语气上扬
↘ 语气下降
__ 标注提示

精讲篇

在天晴了的时候
戴望舒

朗诵要领：该诗意境清新、淡雅，蕴含生机和希望。朗读时语气轻松、愉悦，沉醉其中。适合男、女声，用声力度适中。

背景提示：诗人当时所处的是战火纷飞的年代，能有如此轻松、怡然的心态描述雨后天晴的景物是一种经历过苦难后的超然。

在天晴了的时候，
_{语速慢，以突出重音}
该到小径中去走走：↗
_{顺势连接上一句，冒号处上扬做铺垫}
给雨润过的∨泥路，
_{停顿，并加重语气}
∨一定是凉爽又温柔；
_{停顿以突出作者的判断，加强意境}
炫耀着▲新绿的小草，
_{短暂停顿，示"一眼望去"}
已一下子洗净了尘垢；
_{两句连接，语速稍快}
不再胆怯的∨小白菊，
_{语气轻柔而坚定}
慢慢地抬起它们的头，
_{重音，声音力度加强}
试试寒，试试暖，
然后▲一瓣瓣地绽透；
抖去水珠的凤蝶儿
在木叶间自在闲游，
_{重音，速度稍慢}
把它的饰彩的智慧书页
曝着阳光▲一开一收。

到▲小径中去走走吧,↗
<small>整句语气如同朋友间的谈心,又如师长的语重心长。</small>
在天晴了的时候:
赤着脚,携着手,
踏着▲新泥,涉过▲溪流。

新阳推开了阴霾了,
溪水在温风中晕皱,
看▲山间移动的暗绿——
云的脚迹——它∨也在▲闲游。
<small>"闲游"可适当拉长声音、上扬</small>

母亲之歌
〔俄〕拉苏尔·加姆扎托夫

朗读提示:该诗基调深沉,感情饱满,可用中声区,适度提高或降低声区范围,营造气势。重音需突出。

母亲和∨母亲彼此∨相像,
如山脉之间的重重∨海洋。
<small>气息顺势连接上一句</small>
高山与高山彼此相仿,
<small>语速加快</small>
我∨从碧空中向群山凝望。
<small>停顿,内心思考</small>
层峦叠嶂依傍着雷雨,
<small>用声偏高</small>
越接近山巅∨岩壁越陡峭,
<small>气息顺势连接上一句</small>
世上的山峰纵有万千,
<small>整句语速加快,突出下一句</small>
没有一座比得上∨母亲崇高!

无论我∨欣喜或是悲伤,
<small>连着不要断开</small>

你∨都是我∨可靠的山峰。
夜晚的星斗黎明的霞光，
<small>此句语速缓慢，声音轻柔</small>
妈妈，全都被你∨纳入心胸。
<small>声音用"面对面"的距离</small>
∨如今，我凝视四面八方，
<small>停顿，体现层次感</small>
到处都呈现∨你的形象：
你在百花盛开的∨大地，
你在波光万顷的∨海洋！
<small>两句连着读</small>

大地∨难包容你的∨慈祥，
天空∨容不下你的∨∨高尚，
<small>两句连着读</small>
妈妈，我真觉得∨奇怪，
<small>用声偏低</small>
你怎么能，▲怎么能走进
<small>短暂停顿，示"声断意还连，情还在"</small>
那∨低矮狭小的木板房？！
<small>句尾处理无需上扬语调，可强调重音"木板房"，加强语气</small>

多难兴邦
——写给汶川大地震
原版远方

朗诵要领：基调悲怆而充满力量，所以不需过分地渲染悲情，要体会"感而不入"的朗诵状态。适度控制情感，特别是诗歌的后半部分，力度增强，体现出"告别绝望，更加坚强"的决心和勇气。

背景提示：汶川地震发生后，温家宝总理先后两次来到地震灾区指挥抗震救灾及慰问受灾群众。5月23日，温总理第二次来到震区，在看望临时安置在四川绵阳长虹培训中心北川中学高三同学时，用粉笔在黑板上写下的"多难兴邦"四个大字，鼓舞与激励青少年和全国人民面对灾难时要有坚强的意志。

不知道,↗这个家园经受了多少创伤
<small>语气上扬,与下句一问一答,在此铺垫"创伤"的程度之深</small>

我知道,↘一片废墟里▲鲜血流淌
<small>停顿,示地震夺取生命之多</small>

不知道,↗那个瞬间倒塌了▲多少学堂

我知道,↘这里曾经是▲书声琅琅
<small>语气沉重</small>

不知道,↗这个书包原来在谁的肩上

我知道,↘日记里写着美丽梦想

不知道,那个孩子能不能找到妈妈
<small>语速加快,表示急切的关心</small>

我知道,他的眼神里充满恐慌
<small>用声虚实结合</small>

一条路,经历过多少∨沧桑

一扇窗,迎来了一片阳光

一声呼唤,拯救了多少▲生命
<small>声音力度加强</small>

一盏烛光,点亮了无限希望
<small>语气铿锵有力</small>

折断的翅膀∨温暖中告别绝望
<small>语气温柔而坚定,音量不大,与下一句形成"欲扬先抑"的效果</small>

擦干了眼泪∨风雨后更加坚强

多难兴邦,倒下的是断壁,筑起的是长城

多难兴邦,滴下的是泪水,∨挺起的是∨脊梁
<small>语气坚定</small>

生命的旋律

朗诵要领:该诗跳跃性较强,由浅入深,声音跨度要求比较大,适合声音弹性。但整体来看,基调始终积极阳光,充满希望和力量。

背景提示:生命的力量无可限量,不要轻易放弃理想和追求,更不能蹉跎度日、无所事事,要珍爱生命。

假如▲生命是一首歌
<small>语速稍慢，顿挫处示意思考的开始</small>

就要谱写∨快乐
<small>重音，思考后的结果</small>

在音符的连接中
没有忧伤▲没有寂寞

假如▲生命是一条河
<small>强调交流感</small>

就要↗奔腾雀跃

在高山峡谷中穿行
奏响▲流畅的愉悦

假如▲生命是一团火
<small>排比结构，可根据内容与前面两处区别语气</small>

就要燃烧洒脱
<small>以下两句可加快语速，凸显"火"的品质</small>

在温暖的蒸腾中
把意志▲坚强打磨

这大胆的假设
这悠长的诉说
是痴狂者的信念
是生命七彩的婀娜

每一次的▲大雪纷飞
每一次的▲狂风刮过
都是心头的呐喊
都是执迷的人生抉择
来时的路▲已染上色彩
去时的路要精心涂抹

借我一支笔吧

我要描绘▲海的博大、山的巍峨

借我一支浆吧

我要感受暴风雨怒吼的波澜壮阔

<small>划线三句力度不断加强,声音高度渐渐高起</small>

即使飞翔的翅膀被千次折断

也要▲高高地飞起、在云霄中闪烁

即使是化为一滴伤心的眼泪

<small>语速慢、声音高度下调,语气和蔼而坚定,表示"不要气馁"</small>

也要▲把七彩的阳光映射

生命▲是美丽的

懂得生命的旋律

才算▲真正懂得文明

生命是一部史书

↗只有挑战自我的人∨才能体味出它的浩荡

<small>语调上扬</small>

生命是一泓清泉

只有挑战自我的人∨才能品位出▲它的甘洌

只有用心聆听,用心装扮

努力地奋斗,才能体会▲生命所富有的旋律

每一个笑容

每一滴泪水

每一段故事

每一次经历

都谱成了▲壮丽的"交响曲"

生命▲是值得敬畏的

是神秘而又真实的

但是,生命的主宰▲就是我们▲自己

<small>力度加强</small>

(http://www.blogchinese.com/120171/viewspace—609325)

我要给父亲当一回父亲
郁舟

朗诵要领：娓娓道来的语气，舒缓的节奏，用最质朴、舒适的男中音，讲述一段埋藏在心底的希冀。

背景提示：儿子换位思考的视角，既有担当的责任感，又有感恩的情怀，让每一个子女用心体会父母的不易。

父亲老了
声音低沉

如同那柄被放置在角落里的锄头
生满了▲铁锈↘
语调下沉

父亲累了
就如▲老屋那扇一直站着的朱漆大门
站久了↗也累了↘
自问自答的语气，体现交流感

一柄锄头要刨多少土地▲才会停下
它一点一点地被侵蚀
次重音 重音

一扇大门要经历多少风雨▲方可坐下
它一层一层地脱落↘
次重音 重音惋惜而心疼的语气

我看见
语气积极，语调上扬

一把生锈的锄头
立在潮湿的角落里
守望着▲窗头的阳光

我看见
一扇腐朽的大门站在风雨中
怎么也不肯坐下

始终▲坚守着

恍惚间想起
<u>声音虚实结合，内心活动外化为声音</u>
要给父亲做一回父亲
<u>声音偏虚</u>　　<u>声音偏实</u>
要接过他手中的锄头
扶他到屋外
让阳光蒸干潮湿
让阳光温暖父亲
然后卖力地举起自己向地里砸去

要给父亲当一回父亲
<u>声音偏实</u>　　<u>声音偏虚</u>
小心地把父亲放下
搀着他到屋里
泡一杯浓茶送上那支烟管
自己于是站在父亲一直站的地方
承受着父亲经历的风雨

要给父亲当一回父亲
<u>实声，表示要坚定自己的想法</u>
只为感恩
<u>因为父亲的关爱给予了我们太多太多</u>
只为……
<u>以致我们无以回报</u>
但也▲只能是▲想想而已……
<u>无法实现的想法，只能叹气作罢，尝试用虚声处理重音</u>

奶娘

李肇星

朗诵要领：该诗基调深沉，感情饱满，朗诵时语言应质朴而凝重，感情真切，巧妙地运用声音技巧，恰当地表达出不同时间段内的情感变迁。

背景提示："前外交部部长李肇星从小家境贫寒，父亲很早就离家参加革命，母亲生了6个孩子,只有3个孩子活了下来。他幼时母亲的奶水不旺,时常背着他在乡亲的帮助下,找奶娘喂养他。可他长大之后,满世界漂流,难得见奶娘一面。一晃50多年,他已两鬓泛霜,终于不计归程万里,回到家乡去看了次奶娘。"

五十多年前,
讲述、回忆的语气
我娘▲奶水不旺。
我闭着眼往你怀里拱,
虚声,以示亲昵
一副▲怕羞,又无赖的模样。
你的胸膛好暖和,↗
乳汁▲又甜又香。
我吮得呱呱出声,
我长得白白胖胖。
实声

五十多年后,
我终于忍不住,去看▲奶娘。
顿挫表示思念得深切
不计归程万里,
不顾两鬓泛霜。
又惊又喜相见,
上上下下打量。
重音,建议使用快慢法突出重音,此处放慢语速,有动作感
抚着你干瘦、冰凉的手,
我为什么有些慌张?
承上启下,语气从思念过渡为自责

我搬进了现代商楼,
你还住在简陋的矮房;
我用上了VCD和电脑,
你没听过电话铃响。
以上四句语速较快,对比重音

你的炕席怎么▲又粗又硬,
疑问的语气,心疼的语调
电灯只有油灯的亮光。
叹气而出

执手相看泪眼,
你真诚地笑了,
深深的皱纹堆满慈爱,
像我母亲生前一样。

"我比你妈福气多了,
满意而惜福的语气,声音亲切、朴实
多享受了几年不愁吃穿的时光。
往后▲电视要换成带色的,
脚踏车全家有了两辆。
小孙子夏天考大学,
将来要跟你一样。
情景再现——奶娘坐在炕头,如数家珍般诉说自己的生活
听说你干得不孬哇
为父老乡亲们争光啊……"
自豪骄傲的语气

唉,我这么大了,
还是经不住丁点赞扬。
你一席话,
恢复了我▲儿时的无赖——
作者的孩子情怀再一次勾起回忆,以烘托现实生活水平的差异,对以奶娘为代表的百姓们报以感恩之情
我羞怯地把一兜子水果
往你怀里▲一推,一放,
动作细节,轻声处理
可心却碎了,
语气沉重
受了一次▲受不了的震荡。

我的亲娘啊,

难道你的奶水还没有流干吗？
你不再丰满的身躯，
竟如此宽宏、顽强，
还在为我——你的儿子，
灌注▲精神的奶汁，做人的营养，
报国的力量！

啊！我的奶娘，
我的亲娘！

"亲娘"寓意深刻，语气朴实，气息下沉。声音激昂但不高亢

既然

徐敬亚

朗诵要领：诗歌用四个既然句式反复的形式烘托人生拼搏的力度，音节和谐自然，意象鲜明、具体。声音明亮有力度，表现孤注一掷的决心，语气坚定，不容置疑。基调积极向上，适合声音有力度、性格外向主动的朋友朗读。

背景提示：当你气馁或是犹豫时，坚定地前行是你的选择。因为你继续的努力与付出需要你的坚持，只有坚持才能不辜负最开始的梦想。

既然，
语气下沉
前，↗不见岸；
后，↗也远离了岸。

既然，
脚下踏着波澜，
寓意着艰辛和困难
又注定终生恋着波澜。

既然，
能托起安眠的礁石，
节奏加快
已沉入海底。

既然，↘
与彼岸尚远，
"远"拖长声音，以示无奈
隔一海苍天。

那么，便把一生交给海吧，
交给前方没有标出的▲航线！
语气豁达坚韧，态度坚定

等你，在雨中
余光中

朗诵要领：诗歌清新精致，蕴含浓浓的思念和爱恋之情，却又表现得舒缓雅致，意境高雅。深情期盼的基调，却无焦急和无奈的情绪。适合声线柔和大方的男声。

背景提示：余光中的诗作情通古今，意贯中西。源远流长的中国诗歌传统，时时滋润着他年轻的诗心。在传统与现代的交汇中，余光中的诗歌有着更博杂的兼容性。《等你，在雨中》语言清丽，声韵柔婉，具有东方古典美的空灵境界，同时，从诗句的排列上，也充分体现出诗人对现代格律诗建筑美的刻意追求。

等你，↗在雨中，在▲造虹的雨中
期盼的语气

蝉声沉落，蛙声升起
一池的红莲如红焰，↗在雨中

你▲来不来都一样，竟感觉
每朵莲都像你
寓情于景，重音突显交流感
尤其隔着黄昏，隔着这样的细雨

永恒，刹那，刹那，永恒
　语速稍慢　　语速稍快
等你，在时间之外，在时间之内，等你

在刹那，↗在永恒
<u>语速慢</u>

如果你的手在我的手里，此刻
如果你的清芬
在我的鼻孔，↗我会说，<u>小情人</u>
　　　　　　　　　　　<u>昵称</u>

诺，这只手▲应该采莲，在吴宫
　　　　　　　　　　　<u>虚实结合</u>
这只手应该
摇一柄桂桨，在木兰舟中
<u>虚实结合的声音</u>

一颗星▲悬在科学馆的飞檐
<u>语速稍快，似忐忑的心怦怦跳</u>
耳坠子一般地悬着
瑞士表说都七点了，忽然你走来
<u>激动的声调，音量"面对面的距离"大小</u>
如雨后的红莲，翩翩，你走来
<u>欣赏的语气，舒缓，与上句形成"欲低先高"的节奏</u>
像一首小令
从一则爱情的典故里▲你走来
从姜白石的词中，有韵地，你走来
<u>交流感强</u>

雪花的快乐

徐志摩

朗诵要领：诗歌基调坚定、欢快和轻松自由，语调热情。诗歌偏柔美的格调，适合女声朗读，但是不能一味温柔、甜美。比如在三次出现的"飞扬"句式中，要求坚定的语气，气息十足，声音有力度。

背景提示：这首诗写于1924年12月30日。在诗中，诗人把雪花作了升华，把对爱情的追求与改变现实社会的理想联系在一起，包含着反封建伦理道德、要求个体解放的积极因素。全诗热烈而清新，真挚而自然，真切地表达了诗人对一切美好事物的执著追求。

假若▲我是一朵雪花,
翩翩地在半空里▲潇洒,
我一定认清我的方向
飞扬,↗飞扬,↗飞扬,
<u>语气坚定有力度</u>
这地面上有我的方向。

不去那▲冷寞的幽谷,
不去那▲凄清的山麓,
也不上荒街去惆怅
飞扬,飞扬,飞扬,
你看,↗我有我的方向!

在半空里▲娟娟的飞舞,
认明了那清幽的住处,
等着她来花园里探望
飞扬,↗飞扬,↗飞扬,
啊,她身上有朱砂梅的清香!
<u>寓意梅花的精神品质</u>

那时我凭藉我的身轻,
盈盈的,沾住了她的衣襟,
贴近她柔波似的心胸
消溶,消溶,消溶
<u>语气轻柔</u>
溶入了她柔波似的心胸。
<u>语调温柔,轻声细语</u>

相声专场

阿吾

朗诵要领:这是一首新体诗,比较自由,略带调侃。对叙述语言的要求比较高,抑扬顿挫,通过声音的外部技巧,读出趣味性和生动性。

背景提示:单口相声、对口相声、群口相声的表演形式

经一个女人介绍
出来两个男人

一个▲个儿高
一个▲个儿矮

个儿矮的白又胖
个儿高的黑且瘦

第一句话是瘦子说的
第二句话是胖子说的

胖子话少
瘦子话多

瘦子奚落胖子
观众▲哄堂大笑

胖子用嘴鼻伴奏
瘦子边唱歌边跳舞

瘦子舞成了武打
伴奏跑到了霍元甲

响起不同频率的声音
两个人弯腰成一般高

胖子斜视瘦子一眼
瘦带胖子向左侧退下

出来▲一个老头
观众用右手打左手

经一个女人介绍
老头叫牛倒立

老头先讲一句
老头再问一句

前一句声音粗
后一句声音细

老头介绍餐馆的名字
观众慢慢咽口水

名字讲到三十六个
响起不同频率的声音

经一个女人介绍
出来一群男人

一、二、三、四、五，
一共五个人

五个人外形很不一样
就穿的服装相同

其中四个人闹意见
一个人竭力调解

调解一定时间
出现一次响声

这样已经七次
每次稍有差别

四个人终于团结
要调解的人赔理

此时响起同种频率的声音
是右手打左手的声音

（选自《中国当代文学作品精选》）

练习篇

横越大海
〔英〕丁尼生

　　朗诵提示: 这首诗出自诗集《悼念集》,是诗人的名诗之一。诗人借这首诗表达自己对逝去挚友的怀念和由之带来的痛苦。诗歌独特的韵律、恰当的比喻和象征,完美地唱出了心灵的忧伤和对挚友的深深怀念。

　　诗歌基调沉郁。朗诵时,中低声部,语速偏缓慢,表现出心灵的重负。

夕阳西下,金星高照,
好一声清脆的召唤!
但愿海浪不呜呜咽咽,
我将越大海而远行;
流动的海水仿佛睡了,
再没有涛声和浪花,
海水从无底的深渊涌来,
却又转回了老家。
黄昏的光芒,晚祷的钟声,
随后是一片漆黑!
但愿没有道别的悲哀,
在我上船的时刻;
虽说洪水会把我带走,
远离时空的范围,
我盼望见到我的舵手,
当我横越了大海。

水成岩
卞之琳

　　朗诵提示: 这是一首抒情诗,诗人通过水成岩的意象,暗示了生命的悲哀。全诗基调貌似悲观,却暗含澄明生命真相的乐观。朗诵时节奏舒缓,情、理结合。

水边人想在岩上刻几行字迹:

大孩子见小孩子可爱,
问母亲"我从前也是这样吗?"①

母亲想起了自己发黄的照片
堆在尘封的旧桌子抽屉里,
想起了一架的瑰艳
藏在窗前干瘪的扁豆荚里
叹一声"悲哀的种子!"
"水哉,水哉!"沉思人叹息
古代人的感情像流水,
积下了层叠的悲哀。

① 孩子这句不经意地问话,却让母亲黯然神伤!孩子已经长大,开始学会返视自身了;而自己也老了,青春的影像已尘封……孩子和母亲的对话,以及母亲伤感的怀想,道出了人的生命如流水般一去不返的事实。

黄昏的和谐

〔法〕丁尼生

朗诵提示:这是诗人的代表作,也是欧洲象征主义诗歌的代表作。全诗形象地体现了象征主义诗歌的特点和美学追求,诗中的每一个意象都是诗人心灵的流露,是诗人感情的抒发。

时辰到了,在枝头颤抖着,
每朵花吐出芬芳像香炉一样,
声音和香气在黄昏②的天空回荡,
忧郁无力的圆舞曲令人昏眩。

每朵花吐出芬芳像香炉一样,
小提琴幽咽如一颗受创的心;
忧郁无力的圆舞曲令人昏眩,
天空又愁惨又美好像个大祭坛!

小提琴幽咽如一颗受创的心;
一颗温柔的心,他憎恶大而黑的空虚,
天空又愁惨又美好像个大祭坛!
太阳沉没在自己浓厚的血液里。

② 这是一首情诗。诗人想用黄昏的意象表达自己与情人在一起的快乐、痛苦和圣洁的感情。全诗情绪表达浓重,音乐节奏感极强,一咏三叹,缠绵悱恻。朗诵时把握舒缓忧伤的感情色彩,特别要注意节奏感的体现。

一颗温柔的心,他憎恶大而黑的空虚,
从光辉的过去采集一切的迹印!
天空又愁惨又美好像个大祭坛!
你的记忆照耀我,像神座一样的灿烂!

醉歌
〔日本〕岛崎藤村

朗诵提示:这是诗人歌颂青春的代表作,有着浓重的浪漫主义色彩,朦胧意象中蕴含着诗人深沉的感情。其中有对人生无常的感叹、对青春易逝的感伤,还有他乡遇知音的短暂欢乐。

朗诵时,节奏舒缓、和谐,用声中声部,声音圆润柔美,体现诗歌语言的典雅之美。典雅之美是日本诗歌的优秀传统。

你我相逢在异域的旅途
权作一双阔别的知音
我满眼醉意,将袖中的诗稿
呈给你这清醒的人儿

青春的生命是未逝的一瞬
快乐的春天更容易老尽
谁不珍惜自身之宝?
一如你脸上那健康的红润

你眉梢郁结着忧愁
你眼眶泪珠儿盈盈
那紧紧钳闭的嘴角
只无声地叹气唉声

不要提起荒寂的道途
不要赴往陌生的旅程
与其作无谓的叹息
来呀,何不对着美酒洒泪叙情

混沌的春日无一丝光辉
孤寂的心绪也片刻不宁
在这人世悲哀的智慧中
我俩是衰老的旅途之人

啊,快在心中点燃春天的烛火
照亮那青春的生命
不要等韶华虚度,百花飘零
不要悲伤呀,珍重你身

你目不旁视,踽踽独行
可哪儿有你去往的前程
对着这琴花美酒
停下吧,旅途之人!

论婚姻

〔黎巴嫩〕纪伯伦　冰心译

朗诵提示:这是一首教人如何处理好婚姻关系的诗,寓情于理,娓娓道来。

神圣的婚姻让两人合二为一,但仍需为彼此留出独立的空间。爱情是自私的,也是无私的;爱人不是私产,彼此要有相对的自由。把握好这个度,相信就把握住了爱!

爱尔美差又说:夫子,婚姻怎样讲呢?
他回答说:你们一块儿出世,也要永远合一。
在死的白翼隔绝你们的岁月的时候,你们也要合一。
噫,连在静默地忆想上帝之时,你们也要合一。
不过在你们合一之中,要有间隙。
让天风在你们中间舞荡。

彼此相爱,但不要做成爱的系链:
只让他在你们灵魂的沙岸中间,做一个流动的海。
彼此斟满了杯,却不要在同一杯中啜饮。
彼此递赠着面包,却不要在同一块上取食。

快乐地在一处舞唱,却仍让彼此静独,
连琴上的那些弦也是单独的,虽然他们在同一的音调中颤动。
彼此赠献你们的心,却不要互相保留。
因为只有生命的手,才能把持你们的心。
要站在一处,却不要太密迩:
因为殿里的柱子,也是分立在两旁,
橡树和松柏,也不在彼此的树荫中生长。

秋
〔法〕拉马丁

朗诵提示:诗歌叙述了即将告别人世的诗人对自然、人生的种种慨叹。诗的开头描摹了一片萧杀秋景,奠定了抑郁、悲凉、荒凉、感伤的朗诵基调。用声中低声部,低沉的语气、迟缓的节奏。

你好,顶着残绿的衰林,
缤纷于草坪的黄叶!
你好,即将离别的明媚天光!
大自然的凋零使我这内心痛苦的人倍觉亲切。

我满怀梦思踏着孤寂的小路,
眷眷的深情怅惘。
这残阳苍白的微光,
沿着我的脚步刺透林间的幽冥。

是啊,在这寂寥的秋天,那垂死的大自然,
朦胧的目光多么迷人。
那是朋友的告别,行将瞑目的少女,
唇边的最后微笑。

我也将像这秋光一样永别于人寰,
为我的蹉跎岁月和失去的希望而流泪。
但我还是满怀憾羡地回眸,
凝望那不曾享受过的华年。

大地、秋阳、山谷和美丽而温馨的自然，
我在自己的墓畔向你们洒泪；
空气是这样的芬芳，天光是这样的清醇，
在垂死者的眼前太阳是这样的美！③

我愿倾尽这满贮玉液和胆汁的酒杯
直至只剩下一点残渣，
我从这杯里饱谙了人生的滋味
也许最后这杯底还有一滴蜜汁！

也许未来还给我赏光
使我重享人生失而复得的幸福！
也许，在人群里有一个我不认识的灵魂
理解我的灵魂，成为我的知音！

坠落的花朵把芳香付与微风，
再见吧生命，再见吧阳光，这是最后的诀别。
我，我正像这花朵一样死去，而我那奄奄一息的灵魂，
却像一阵优美而哀怨的秋声向四方流逸。

(http://www.cnpoem.net/west/MusicList.asp? Specialid=9963)

③ 诗人对自然、人生仍存有眷恋之意，哀戚的心中升腾起淡淡的希望：美好的将来在等候着自己。诗歌借景抒情，语言朴实，韵律和谐，优雅感人，朗朗上口。

祖国，或以梦为马

海子

朗诵提示：这是一首二十世纪八十年代的青春祭歌。八十年代的青年人，突然面临物质空前膨胀，精神节节败退的窘境，于是在欲望与理想中纠结着……海子的诗，号称是这代人"青春的绝唱"。

诗歌磅礴，有气势，激情澎湃。朗诵用声中高声部，响亮饱满。

诗歌境界开阔，具有强劲的感情冲击；结构严谨、硬朗。诗人思路清晰，层次分明。朗诵时注意内容、层次的把握。

我要做远方的忠诚的儿子
和物质的短暂情人
和所有以梦为马的诗人一样

我不得不和烈士和小丑走在同一道路上

万人都要将火熄灭 我一人独将此火高高举起
此火为大 开花落英于神圣的祖国
和所有以梦为马的诗人一样
我借此火得度一生的茫茫黑夜

此火为大 祖国的语言和乱石投筑的梁山城寨
以梦为上的敦煌——那七月也会寒冷的骨骼
如雪白的柴和坚硬的条条白雪 横放在众神之山
和所有以梦为马的诗人一样
我投入此火 这三者是囚禁我的灯盏吐出光辉

万人都要从我刀口走过 去建筑祖国的语言
我甘愿一切从头开始
和所有以梦为马的诗人一样
我也愿将牢底坐穿

众神创造物中只有我最易朽
带着不可抗拒的死亡的速度
只有粮食是我的珍爱 我将她紧紧抱住
抱住她在故乡生儿育女
和所有以梦为马的诗人一样
我也愿自己埋葬在四周高高的山上
守望平静的家园

面对大河我无限惭愧
我年华虚度 空有一身疲倦
和所有以梦为马的诗人一样
岁月易逝 一滴不剩 水滴中有一匹马儿一命归天

千年后如若我再生于祖国的河岸
千年后我再次拥有中国的稻田
和周天子的雪山 天马踢踏

和所有以梦为马的诗人一样
我选择永恒的事业

我的事业 就是要成为太阳的一生
他从古到今——"日"——他无比辉煌无比光明
和所有以梦为马的诗人一样
最后我被黄昏的众神抬入不朽的太阳

太阳是我的名字
太阳是我的一生
太阳的山顶埋葬 诗歌的尸体——千年王国和我
骑着五千年凤凰和名字叫"马"的龙——我必将失败
但诗歌本身以太阳必将胜利

对岸
〔印度〕泰戈尔　郑振铎译

朗诵提示：诗歌描写了孩子的渴望与向往。"对岸"是恬美神奇的乐土。人们在那里耕耘、放牧，各种飞禽走兽在那里自由自在地栖息生长，连长草在月光下也呈现出异彩。在这令人神往的景象的描绘之中，寄寓着作者对大自然的热爱和对故土的眷恋之情。诗人借孩子的口，向父母们提出了愿望：做到真正的博爱，把爱撒向芸芸众生，撒向大自然。

朗诵时，节奏舒缓，语气亲切、充满渴望。

我渴望到河的对岸去。
在那边，
好些船只一行儿系在竹竿上；
人们在早晨乘船渡过那边去，
肩上扛着犁头，
去耕耘他们的远处的田；
在那边，
牧人使他们鸣叫着的牛游泳到河旁的牧场去；
黄昏的时候，
他们都回家了，
只留下豺狼在这满长着野草的岛上哀叫。

妈妈,如果你不在意,
我长大的时候,要做这渡船的船夫。

据说有好些古怪的池塘藏在这个高岸之后。
雨过去了,
一群一群的野鹜飞到那里去。
茂盛的芦苇在岸边四周生长,
水鸟在那里生蛋;
竹鸡带着跳舞的尾巴,
将它们细小的足印印在洁净的软泥上;
黄昏的时候 长草顶着白花,
邀月光在长草的波浪上浮游。
妈妈,如果你不在意,
我长大的时候,要做这渡船的船夫。

我要自此岸至彼岸,
渡过来,渡过去,
所有村中正在那儿沐浴的男孩女孩,
都要诧异地望着我。
太阳升到中天,早晨变为正午,
我将跑到你那里去,说道:
"妈妈,我饿了!"
一天完了,影子俯伏在树底下,
我便要在黄昏中回家来。
我将永不像爸爸那样,
离开你到城里去做事。
妈妈,如果你不在意,
我长大的时候,要做这渡船的船夫。

航
辛笛

朗诵提示:诗歌寓情于景,透露出年轻诗人第一次航海时,面对辽阔而深沉的大海,引发出"不识愁滋味"的惆怅。

帆船,如同行走在人生征程上的行者;航程,好似漫无际涯的人生之路。朗诵时,语气朴实,节奏紧凑,在简练的语言中展现出其中蕴含的深刻人生哲理。

帆起了
帆向落日的去处
明净与古老
风帆吻着暗色的水
有如黑蝶与白蝶

明月照在当头
青色的蛇
弄着银色的明珠
桅上的人语
风吹过来
水手问起雨和星辰

从日到夜
从夜到日
我们航不出这圆圈
后一个圆
前一个圆
一个永恒
两无涯涘的圆圈
将生命的茫茫
脱卸与茫茫的烟水

帆
〔俄〕莱蒙托夫

朗诵提示:这是一首杰出的哲理抒情诗,是诗人的代表作,写于1832年。在沙皇专制统治下黑暗窒息的社会,诗人将渴望自由与解放的情感寄托于"帆"的形象中,激励人们对美好生活的向往与追求。

朗诵这首诗,可以充分展开情景再现。无边无际的大海,茫茫的雾霭,一只孤独的帆迎风破浪勇往直前……朗诵基调:积极、顽强、充满力量。诗中省略号的使用开阔了诗的意境，启发读者深思，特色独具。朗诵时可通过语气变化和停连的运用体现其特色。

在那大海上淡蓝色的云雾里，
有一片孤帆儿在闪耀着白光……
它寻求什么，在遥远的异地？
它抛下什么，在可爱的故乡？……

波涛在汹涌——海风在呼啸，
桅杆弓起了腰在轧轧地作响……
唉！它不是在寻求什么幸福，
也不是逃避幸福而奔向他方！

下面是比蓝天还清澄的碧波，
上面是金黄色灿烂的阳光……
而它，不安的，在祈求风暴，
仿佛在风暴中才有着安详！

童话、寓言朗诵

童话、寓言朗诵提示

童话的朗诵要充满童趣童真,夸张的语气、角色的表演、情节的叙述都是增强表现力的要素。

初学者遇到的问题通常是无法做到身临其境,声音放不开,表现得没有生命力。比如童话中的角色多用拟人化的表现手法凸显角色,但是用声的"拟人"状态却很难快速准确地把握。在这种情况下,尽管大家很努力地让自己的声音"模仿"角色,得到的评价却是"声音假假的、拿着",这让初学者很为难,感到有劲儿使不出来,更有甚者一到播读童话时,为了声音的效果,拿腔拿调,反而失去了童话的真、趣、纯的品质。要解决以上问题,大家不妨试试以下三种训练方法:

一、将童话中角色的声音"还原"到生活中,声音自然但不松懈;

二、平时加强声音弹性的训练,比如声音的强弱、高低、虚实,强化对比;

三、文章内容决定声音的表现形式,准确定位声音要根据每一篇文章,做到具体而生动,比如声音塑造角色的要素包括年龄、性格、情绪、外形特征等,要素越细化,声音的表现力也就越强。

寓言的朗诵旨在通过声音的"创作"让寓意更加明确、深刻,朗诵者需要找到点明寓意的话语,并选用恰当的方式表现。由于寓言通常篇幅短小、寓意深刻、意味深长,朗读者时常觉得感情不够丰富,声音单一。解决的关键在于对文章的理解,准确把握基调。

朗读标注

▲　　短暂停顿，表示"声断意还连，情还在"，比∨停顿时间稍短
∨　　停顿
∨∨　停顿时间比∨稍长
⌒　　连接
//　　层次转换
‥　　重音
↗　　语气上扬
↘　　语气下降
＿　　标注提示

精讲篇

爱丽丝梦游仙境（节选）
〔英〕刘易斯·卡罗尔

朗诵要领：本文节选的是童话开始部分，情节简单，多是自问自答的心理活动。声音舒缓，语速适中。朗诵时要突出交流感。

背景提示：爱丽丝是可爱的小姑娘，偶然来到了与现实不一样的梦幻世界，她开始了一次充满好奇与惊喜的旅行……

爱丽丝靠着姐姐▲坐在河岸边很久了，由于没有什么事情可做，她开始感到厌倦。∨她一次又一次地瞧瞧▲姐姐正在读的那本书，可是书里没有图画，也没有对话，爱丽丝想："要是一本书里没有图画和对话，那还有什么意思呢？"

天热得她非常困，甚至迷糊了，∨但是爱丽丝还是认真地盘算着，做一只雏菊花环的乐趣，能不能抵得上▲摘雏菊的麻烦呢？就在这时，突然一只粉红眼睛的白兔，贴着她身边跑过去了。

爱丽丝并没有感到奇怪，甚至于▲听到兔子自言自语地说："哦，亲爱的，哦，亲爱的，我太迟了。"爱丽丝也没有感到离奇。虽然过后，她认为这事应该奇怪，可当时她的确感到很自然。但是▲兔子竟然从背心口袋里掏出一块怀表看看，然后又匆匆忙忙跑了。这时，爱丽丝跳了起来，她突然想到：从来没有见过穿着口袋背心的▲兔子，更没有见到过兔子还能从口袋里拿出一块表来。∨她好奇地穿过田野，紧紧地追赶那只兔子，刚好看见兔子跳进了▲矮树下面的一个大洞。

爱丽丝也紧跟着跳了进去，根本没考虑▲怎么再出来。

这个兔子洞开始像走廊，笔直地向前，后来就突然向下了，∨爱丽丝还没有来得及站住，就掉进了一个▲深井里。

冬天的风

朗诵要领：文章拟人化的表述要求声音轻松、活泼，基调友好、调皮，需要较强的交流感、讲述感，尤其是最后一部分"告别"的场景。

背景提示：打破人们对冬天寒风凛冽的传统印象，让冬天变得可亲可爱起来，尝试换种角度看待冬天吧。

冬天的风，是个▲爱吹口哨的淘气的小男孩儿。他一会儿跑到东，一会儿跑到西，他到了哪儿，哪儿就会活跃起来。

冬天的风，特别爱跟人开玩笑。小棕熊特别怕冷，一到冷天他就钻在家里▲烤火炉。冬天的风使劲儿地拍打他的窗户，催他到外面▲做游戏打雪仗。

小棕熊来到院子里，跟小山羊、小白兔一起滚雪球。冬天的风调皮地揉搓他们的脸蛋，把他们的小鼻子▲揉得红红的。

小鸟们站在电线杆上举办▲冬季音乐会，冬天的风像一位神气的琴师为小鸟们伴奏。

冬天的夜晚，给山村笼罩了一张神秘的天幕。冬天的风像一位善讲故事的故事大王，给小棕熊、小山羊、小白兔和小鸟们倾诉着古老的传说故事。

呜——呜——

每天晚上，冬天的风都这样讲着。

冬天的风，肚里有讲不完的故事。一直讲到▲第二年开春冰雪消融，冰土松动。

冬天的风▲向小棕熊、小山羊、小白兔和小鸟们告别：

再见了——

再见——

_{语气悠长、恋恋不舍}

(http://www.wenxuedb.net/datainfo/73207)

减肥腰带

朗诵要领：角色的声音造型可依据体重多少、年级大小、年龄高低来区分，角色与叙述的语气也要注意区分。批评的文章基调与狐狸用噱头赢利时的火爆生意场面形成鲜明对比，是朗诵的难点。

背景提示：减肥成了时尚生活的热门话题了，琳琅满目的减肥商品让人眼花缭乱，但是，效果如何呢？

小狐狸开的商店，专卖腰带。每天，小狐狸都扯着嗓子喊：

"买腰带来买腰带，这里的腰带品种齐全，美观大方，价钱便宜，保您满意，快来买腰带呀！"

_{吆喝的语气}

许多天过去了,腰带一条也没卖出去。小狐狸▲真发愁。

一天,小狐狸突然想出个▲主意。∨早晨,刚一开门,他又喊:"买腰带来买腰带,这里卖的是减肥腰带,不论您有多胖,只要您系上我的腰带,保您▲肚子变小,人变苗条,快来买减肥腰带呀!"

这一招真灵!

河马大伯正为他的肚子大发愁呢,听说腰带能减肥,立刻买了一条。↗
_{语尾上扬}

大象公公也觉得自己的腰太粗,买了一条。↗
_{语尾上扬}

熊太太吃了许多减肥药,猪大婶抹了十几盒苗条霜,都瘦不下来,她们听说系一条腰带就能减肥,也都跑来买。结果,你一条,我一条,几个月没卖出去的腰带,不到▲半天都卖完了。↘
_{语尾下降}

这一天,小狐狸早早就关了商店的门,他数着钱,非常得意自己的聪明。

买了腰带的动物们都系上了新腰带,盼着自己的大肚子▲快点下去。

十几天过去了,河马大伯觉得▲自己的腰并没有细下来,他找到大象说:"大象公公,您的腰细了吗?"

"咳,细什么呀,∨刚才我还称了一下体重,又长了二十斤!"
_{朗诵时带动作感}

熊太太、猪大婶也来了。熊太太说:"你们看,这腰带都快▲系不上了。"猪大婶也叫:"你们瞧我的肚子,我都快看不见自己的▲肚脐眼了。"大家知道▲上了小狐狸的当,便一起解下腰带,去找小狐狸算账。

小狐狸见大伙气势汹汹地朝商店走来,知道不好,想赶紧关门,可是,来不及了,大象公公的长鼻子一下就把小狐狸卷了过来。由熊太太动手,四条腰带全都系在了▲小狐狸身上。

真奇怪,小狐狸一系上腰带,立刻像吹气似的,眼瞧着胖了起来,最后,竟成了个肉团。

"哈哈哈,这腰带留着你自己用吧!"

望着哈哈大笑的伙伴们,小狐狸▲一步也走不动,一句话也说不出来。

真假小白兔

朗诵要领:童话的朗读应入情入境,在这篇童话里,涉及小白兔出场的场景情节丰富,语气变化跨度大。朗读时需要夸张,营造出气氛。文章中的语气词较多,语气的层次感强。

背景提示:狐狸魔法的力量无法"表演"出真诚的感情,因为亲情是一种自然的流露,无法表演。

小白兔当了萝卜店的▲经理。小狐狸很羡慕:"哼,我要变成小白兔!"于是,他念起咒语:"一二三四五六,狐狸变成小白兔。"嘿!小狐狸▲变成了一只小白兔。

早晨,一只小白兔一蹦一跳来到萝卜店。店里的小灰兔一见,惊叫起来:"咦?小白兔经理刚进去,怎么又来了一个小白兔经理呢?"

里面的小白兔走出来一瞧,大叫:"你是……"↗
　　　　　　　　　　　　　声停意不断

外面的小白兔也大叫:"我是这里的经理,∨你是谁?"
　　　　　　　　"我"和"你"对比重音

"明明我是经理,你是谁?"

两只小白兔吵起来。小灰兔们左看看右看看,全愣住了,实在分不出谁是真的小白兔经理。

熊法官来了,先在他俩面前放两捆青草,两只小白兔很快吃完了青草。∨熊法官又在他们面前放了两块肉,两只小白兔都皱着眉头:"不吃不吃!"∨熊法官看看这个,又看看那个,怎么也看不出真假,急得直摇头:这可怎么办?

兔妈妈来了,两只小白兔一齐叫:"妈妈,我是你的孩子。"
　　　　　　　　　　　　　　语气迫切

兔妈妈看看这个,又看看那个,摇摇头:"咦,真怪!唔,我的孩子尾巴上有个伤疤。"
　　　　　　　　发愁、自言自语的语气

可仔细一看,两只小白兔尾巴上都有伤疤。这可怪了!兔妈妈▲想了想,忽然捂着肚子叫起来:"哎哟,哎哟,我的肚子疼!哎哟,哎哟!"兔妈妈▲疼得弯下了腰。

"妈妈,你怎么啦?"一只小白兔眼泪都流出来了,扑上来扶着兔妈妈,一边大叫:"快,快去叫救护车,快!快!"
焦急的语气

另一只小白兔虽然也在叫▲"妈妈妈妈",声音却一点不急。

兔妈妈▲猛然站起来,一把抱住扑上来的小白兔,说:"我分出来了,你才是我的孩子——真正的▲小白兔!"

小白兔笑了:"妈妈,你到底认出自己的孩子了!"

另一只小白兔见兔妈妈忽然好了,愣了一愣,∨才明白自己上了当。只好▲摇身一变,变成狐狸溜走了。

熊法官笑了:"兔妈妈,你真聪明!"

兔妈妈▲笑了,小白兔▲也笑了。

(童话故事网)

种子的愿望

朗诵要领：种子的愿望总不能满足，抱怨的语气和大地母亲耐心的语气形成对比。

背景提示：生活中没有十全十美，我们必须学会选择与舍弃，适合自己的就是最好的。

在肥沃土壤的滋润下，一粒种子从漫长的冬天一觉醒来。大地母亲问它："小种子呀，你想成为什么？这一次，我允许你选择自己的命运。说吧，是想变成▲被人采食的蔬菜、水果，还是愿意成为▲百花丛中的一员，供人流连赞美。"

"我希望自己是一株人见人爱的花儿，"种子不假思索地回答，"但一定要是山上长得最好看的那种。"

"好极了！"大地母亲温和地说："你觉得玫瑰怎么样？"

"玫瑰确实十分漂亮，又有芬芳的气息，"种子琢磨着，"可是，∨它身上的刺会扎人的，这太煞风景了。花和刺可不能待在一块儿。"

"我知道最适合你的是什么了，"大地母亲忽然眼睛一亮，"你应该成为百合花。它没有刺，而且洁白典雅。怎么样？你会成为花中皇后的。"

种子左思右想，∨过了许久才说："百合是没有刺，可是它的色彩太单调了。我想成为▲最艳丽、最光彩夺目的花儿。"

"啊哈，"大地母亲似乎恍然大悟，"你的最佳选择应该是紫罗兰，它那么艳丽，那么引人注目。"

"不行，不行，"种子反对，"紫罗兰太矮小了。我要成为更高更大的花，让所有的花儿都仰视我才行。" *霸道的语气，声高，气粗*

"这么说，你喜欢剑兰？它可是长得高高的，而且能开出美丽动人的花儿。"大地母亲这时▲哈欠连天了。

"可惜它的花不能同时绽放。"

种子又低头寻思了半天，忽然它想到了▲一个好主意："我想……"可是，大地母亲呢？哦，她走了，因为还有其他种子在等着她呢！

第二天早晨醒来，让种子▲无比气恼的是，自己竟变成了一株狗尾草。

兔宝宝

童欣

朗诵要领：文章节奏舒缓，语句娓娓道来，声音温和。中度语速，适合女声。
背景提示：自信是最好的化妆品。

在森林里，长着许多高大的树木，还有绿绿的草地。在草地上的一个小小的▲洞穴里，住着一只兔宝宝。这只兔宝宝很孤独。大概是因为长得不漂亮.因此，周围的动物邻居们，都不喜欢她，连兔妈妈都离开她照顾别的兔宝宝去了。兔宝宝想和其他动物邻居相处，结果，还是被欺负了。兔宝宝很伤心。

只有乌龟爷爷很喜欢兔宝宝，看到兔宝宝伤心的样子，他也变得很难过。于是，乌龟爷爷请兔宝宝吃很多很多的好吃的。兔宝宝很感激乌龟爷爷，暂时忘掉了伤心，慢慢地开心了。兔宝宝问乌龟爷爷："∨乌龟爷爷，我好想变漂亮呀。你知道有什么法子吗？"
<u>渴望的语气，声亮</u>
乌龟爷爷低下头，想了一会说："兔宝宝，只要你相信自己，会慢慢变漂亮的。"
兔宝宝摇摇头："∨乌龟爷爷，我想现在就变漂亮。"
<u>声急，语速快</u>
乌龟爷爷犹豫了片刻说："∨那好吧，我告诉你，在河里住着一条漂亮的鲫鱼。你可以问问她。她或许有办法。"
兔宝宝谢过乌龟爷爷，一蹦一跳地高兴地▲去河边。

走了很久，兔宝宝终于到达了那里。这时，鲫鱼姑娘正高兴地在河面上一跃而起，跳来跳去，展示着自己美丽的鱼鳞和尾巴。

兔宝宝趴到河边，问："美丽的鲫鱼小姐，你能告诉我如何才能变漂亮，让大家喜欢我呢？"
<u>诚恳、迫切语气，声音明亮</u>
鲫鱼姑娘看着兔宝宝，笑着说："我漂亮▲是因为天天在河里洗澡，你也天天用这里的河水洗澡，很快就变漂亮了。"
兔宝宝高兴地说："真的吗？"↗
<u>与下一句一问一答，有交流感</u>
鲫鱼姑娘说："是啊。"↘

兔宝宝道谢后，鲫鱼游走了。兔宝宝弯下身来，捧了水，洗自己的脸，她从河面上看到▲自己，果然变漂亮了。兔宝宝很高兴。于是，她每天都到河边洗澡，慢慢地她变得越来越漂亮，也越来越有自信。看着▲漂亮自信的兔宝宝，兔妈妈和邻居们也开始喜欢她了。

于是,兔宝宝跑去▲乌龟爷爷的家,感谢乌龟爷爷。听乌龟奶奶说乌龟爷爷去了河边。

兔宝宝也来到了河边,她看到▲乌龟爷爷和鲫鱼姑娘聊天。兔宝宝走到乌龟爷爷面前:"∨爷爷、鲫鱼小姐,谢谢你们了。我现在变漂亮了。大家都开始喜欢我。"

乌龟爷爷和鲫鱼小姐都不约而同地笑了。乌龟爷爷说:"其实呀,这水是普通的河水。"

鲫鱼小姐说:"我其实早听乌龟爷爷说了,兔宝宝,你其实不是不漂亮,只是没有自信。于是,乌龟爷爷和我想出这个主意来让你建立自信心。"

兔宝宝听了非但不生气,反而觉得乌龟爷爷和鲫鱼小姐教会了她▲很多东西。那就是一定要有自信。

两只斗鸡

朗诵要领:文章充满了火药味儿,节奏急促。争斗场面声音高亢、气息粗,适合男声朗读。

斗鸡红冠子和花羽毛经常打架。它们很容易打起来,比如▲为一粒谷子,或者一颗松子。今天,它们又因为一条小青虫打起来了。

"是我看见的!"红冠子大着嗓门说。

"明明是我先看见的好不好!"花羽毛的嗓门更大。

"我看见的,是我看见的。"

"我在你前面,应该归我!"

争吵没有一点结果,于是它们厮打起来。红冠子的脸被撕破了,血流了一地。花羽毛的羽毛到处乱飞。它们谁也不认输。还在继续厮打着。

一只老鸭子实在看不下去了。就过来劝架。"我说两位伙计,你们这么不要命地打架到底是因为什么呢?"

"这个厚颜无耻的家伙,他竟然想享用我的一块肉!"红冠子说。

"到底谁才不要脸,那肉明明是我看见的!"花羽毛也不甘示弱。

而老鸭子根本就没有看见▲附近有什么小青虫,于是问道:"我的伙计们,你们到底是为哪里的肉争吵打架呢?我到底是没有看见那儿有什么虫子啊?"老鸭子一边说一边找。两斗鸡这才停止打架寻找起小青虫来,可是他们连小青虫的影子都没找到。

原来,就在这两只斗鸡打架的时候,小青虫早已偷偷溜走了。

(小精灵儿童网站)

最好的伙伴

冯涛

朗诵要领:文中的长颈鹿及年轻的羚羊的声音造型可根据角色的性格、体重、高矮等特征分别处理为"温和的语气、粗声闷气、声音偏后"和"挑衅的语气、尖声细嗓、声音偏前"。

辽阔的非洲草原上,一只长颈鹿在灼热的阳光下走着。它在寻找高大的合欢树,因为,那高高的树冠上▲有它爱吃的、鲜嫩多汁的树叶。

周围有许多的羚羊和斑马在安静地吃草,如果▲不是其中一只羚羊突发奇想地向长颈鹿挑衅,这一天也会像往常一样▲在安静中度过。

这是一只▲还很年轻的羚羊,对能够吃到高处食物的长颈鹿多少有些嫉妒,便用恶作剧般的态度对长颈鹿说:"来吧,傻大个,和我们一起吃草吧,这里多得是,鲜嫩多汁,富含营养。"

面对挑衅,长颈鹿不屑一顾,自顾走到一棵合欢树下,抬头吃了起来。

年轻的羚羊不肯罢休,追过来继续说:"既然你没本事吃到草,那我们就到前边去喝水吧。前边有一洼很好的清水,在这样炎热地季节里,一洼清水可是很难得的。"

长颈鹿有些恼火。长久以来,高大的身材虽然可以使它吃到高处的食物,喝水却成了它▲最大的难题。要想弯下长长的脖子▲喝上一口水,它要▲牺牲形象,付出艰苦的努力。为此,它在喝水的时候,总是要避开草原上的伙伴。

不过,恼火归恼火,好脾气的长颈鹿还是没有搭理羚羊,只是转过身,打算离开这里。也就在这一转身中,它发现远处有几只狮子正在悄悄地靠近。而身边的伙伴们还一无所知。此时,它完全可以不声不响地离去,让这只傲慢无礼的羚羊去面对危险。不过,长颈鹿没有那样做,而是大声喊道:"狮子来了,快跑。"然后,大步跑了起来。

年轻的羚羊以为长颈鹿是在吓唬自己,还打算嘲笑几句,不料,它的妈妈,一只老羚羊却用角狠狠顶了它一下,说:"傻瓜,还不快跑!"

于是,附近所有的羚羊和斑马都随着长颈鹿狂奔而去。

危险终于过去了,长颈鹿放慢了脚步,其他的伙伴们也都慢慢地停了下来。经过清点,羚羊首领宣布:少了一只生病的羚羊。

年轻的羚羊羞愧难当,它这才知道,长颈鹿是它们最好的伙伴和瞭望哨。如果不是它及时发现危险并发出警报,后果不堪设想。它真诚地向长颈鹿道歉。

而长颈鹿▲却只是宽厚地一笑,便又去找它的合欢树了。

(中国寓言网 2008 年 11 月 19 日)

小母鸡欢欢

朗诵要领:欢欢的声音造型年龄偏小,性情随意,还有些任性,建议声音明亮,气息偏浅,用声偏前。朗读时,不需刻意模仿儿童说话,要根据内容把握准确的语气,追求神似而非形似。

从前▲有只老母鸡,一次孵出了七只小鸡,小母鸡欢欢是最调皮的。

一天,老母鸡又开始清点小鸡的数目,一查,发现小母鸡欢欢不在了。她上哪儿去了呢?↗

↘原来,欢欢早就想到外面走走,看看外面的世界,今天就是趁鸡妈妈不注意,悄悄地溜出来的。

欢欢走哇走哇,她发现了一只鼹鼠。

"早上好,鼹鼠!"欢欢说,"你能陪我玩玩吗?"

"对不起,小母鸡。我今天必须要挖一条▲新通道。"鼹鼠说。

"那我能看看你怎样挖通道吗?"欢欢问。

"当然可以。不过,你只能跟着我,千万别影响我的工作。"

通道里黑糊糊的▲什么也看不见。欢欢跟在鼹鼠后面,不小心撞在墙上,还摔倒了。欢欢疼得哭了。

"你怎么哭啦?"鼹鼠问。

"对不起,我摔了一跤。不过,我实在不愿待在这里面了。因为我什么也看不见,我想回去,你能送我吗?"欢欢说。

鼹鼠说:"难道这还需要送吗?你转过身,自已就能走出去。"说完,鼹鼠继续工作,根本不理欢欢了。

欢欢只好自己向后转,然后摸着通道,慢慢走出来了。

"啊!太阳已挂在高高的树上,多温暖!"欢欢说着,伸了一个懒腰。

欢欢继续朝前走,不一会,她来到一条小河边。累了,渴了。准备到河边喝点水。

"站住!等一等!"

欢欢吓了一跳，回头一看，原来是鸭妈妈在叫她。

鸭妈妈说："回来，咱们排好队，一起到水里去。"

欢欢只好走过去，一看，六只小鸭子整整齐齐站在鸭妈妈后面。

"快站好！"鸭妈妈说："先做准备活动，然后再下水。"

"第一节，活动关节。"鸭妈妈发布做操的口令，"一二三……"

"对不起，鸭妈妈。"欢欢说，"我不是一只小鸭，我是一只小母鸡。"

"哎呀，我的天哪！原来你是一只小母鸡？"近视眼的鸭妈妈叫起来，"你到河边来干什么？"

欢欢说："我口渴，想喝点水。不过，我主要是想看看外面的世界。鸭妈妈，能答应我，让我和这些小鸭子一块玩吗？"

"当然可以！"鸭妈妈说，"我今天教他们游泳，如果▲你愿意的话，就一起学吧！"

"那太高兴了。"欢欢说着，和六只小鸭排成一行。

"现在继续做准备活动。"鸭妈妈又开始发布口令，"一二三……"欢欢不会做操，只好跟着小鸭子们胡乱扭着身子。

鸭妈妈是近视眼，她没有发现欢欢的操做得不对。

"现在可以下水了。"鸭妈妈终于发出下水的命令，"注意，一个跟着一个，别掉队。"

欢欢跟着下了水，∨啊，水真凉。她不知道该如何划水。可是，她还是向前走了一步。↗

"救命啊！"欢欢感觉自己不断往下沉，紧张地叫起来了。

鸭妈妈赶紧跳到水里，把欢欢救上来。欢欢不停向外吐着水。

鸭妈妈说："你很难成为一个会游泳的孩子，也许，你永远只能待在▲陆地上。"

欢欢说："不管你怎么说，首先，我得谢谢你，因为你救了我。其次，我还是要谢谢你，因为你让我尝了尝游泳的滋味。"

鸭妈妈摇了摇头，跳到水中，领着小鸭子游泳去了。

欢欢站在岸边，浑身直打哆嗦，她不敢再到水中去了。

正在这时，她听到母亲的声音："欢欢，你在哪儿？"

"妈妈，我在这儿呢！"欢欢大声叫着，向妈妈跑去。

"妈妈，见到你，我多么高兴啊！"欢欢说。

"好孩子，以后别乱跑，看不见你，妈妈多担心啊！"

欢欢钻进妈妈的翅膀底下，她说："我想看看外面的世界，其实，最好的地方，是在妈妈温暖的怀抱里。"

（武汉教育信息网）

司机兔兔

朗诵要领：文章悬念重重，节奏跌宕起伏，声音强弱对比明显，细声细气和粗声大嗓是两个形象的声音特征。适合男女声配合朗读。

司机兔子每天都开着公共汽车跑▲同一条路线。兔子爱她的车，也爱她的乘客，爱她的工作……一切都那么美好。

直到▲有一天，从某站上来一个男子阿当，∨身高将近两米，体格强壮，面目凶恶，一上车就吼道："我不用付钱！"

兔子心里很不愉快，但嘴上▲不敢说些什么，因为她身材矮小，体重▲可能还及不上此人的一半。

兔子思索了一下，决定▲保持沉默，犯不着为了1元钱冒生命危险。第二天，同样的车站，同样的乘客又上车了，同样大吼："我不用付钱！"声音似乎▲比昨天还大，兔子同样不敢声张。

然后是第三天，第四天……∨一个星期，∨∨两个星期……
<u>无奈的语气</u>

兔子每次都忍气吞声，只是夜里开始▲睡不着：只要她闭上眼睛，就仿佛又看到阿当凶恶的脸，听到他刺耳的吼声："我不用付钱！"

兔子越来越气愤，难道就让他这样欺负我吗？我▲也是个堂堂村长呐！

这样想着，兔子不禁热血沸腾，她决心为自己的尊严而奋斗。

兔子报名参加了▲健身训练班，一下班就钻进健身房进行强化训练，同时还拜了一个著名的功夫教练小糖为师学习格斗。

每当累得吃不消的时候，她的脑海就会出现▲阿当那凶恶的脸，耳边听到那刺耳的吼声："我不用付钱！"

"为什么？！为什么？！"她大喊起来，顿时感到浑身上下又充满了力量。这股为尊严而奋斗的信念支持着她，使她能坚持完成那残酷的训练。

整整一个夏天，她终于把自己训练成了一个坚强的斗士。只要脱去外衣，就能看见她那钢铁般坚硬的肌肉，每一击都足以开砖裂石。她觉得是时候了。
<u>内在语：报仇的时候到了</u>

为尊严而战的时刻终于来临，∨同样的车站，同样的乘客，同样是一声怒吼："我不用付钱！"

兔子把拳头捏的全身关节"咯咯"作响，透过衣服可以看见她浑身的肌肉爆起。兔子怒目瞪着阿当:"为什么?!"

阿当一愣,懒洋洋地说道:"今天你很麻烦啊!"

同时,他把手伸进裤兜……掏出一张月票!

家狗和狼

朗诵要领:文章前半部分的铺叙中要把握重音,在叙述中铺垫"寓意"的出现。随着文章的推进,语气变换要紧紧贴合家狗和狼的状态,尤其是狼的变化,语气从羡慕到鄙视。适合男、女声。

背景提示:试问自己,自由和安乐二者之间,哪一个更重要?

一条▲饥饿的瘦狼在月光下∨四处寻食,遇到了▲喂养得壮实的家狗。他们相互问候后,狼说:"朋友,你怎么这般肥壮,吃了些什么好东西啊?我现在日夜为生计奔波,苦苦地煎熬着。"

狗回答说:"你若想像我这样,仅只要▲学着我干就行。"

"真是这样,"狼▲急切地问,"什么活儿?"
<u>语气迫切</u>

狗回答说:"就是给主人看家,夜间防止贼进来。"

"什么时候开始干呢?"狼说,"住在森林里,风吹雨打,我都▲受够了。为了有个暖和
<u>语气羡慕</u>
的屋子住,不挨饿,∨做什么我都不在乎。"

"那好,"狗说,"跟我走吧!"

他们俩一起上路,狼▲突然注意到狗脖子上有一块伤疤,感到十分奇怪,不禁问狗▲这是怎么回事。狗说:"没什么。"狼继续问:"到底是怎么回事?"

"一点点小事,也许是我脖子上拴铁链子的颈圈弄的。"狗轻描淡写地说。

"铁链子!"狼惊奇地说,"难道你是说,你不能自由自在随意地跑来跑去吗?"
<u>语气开始转换,从羡慕过渡到吃惊</u>

"不对,也许不能完全随我的心意,"狗说,"白天有时候主人把我拴起来。但我向你
<u>得意的语气</u>
保证,在晚上我有绝对的自由。主人把自己盘子中的东西喂给我吃,佣人把残羹剩饭拿给我吃,他们都对我∨倍加宠爱。"

"晚安!"狼说,"你去享用你的美餐吧,至于我,宁可自由自在地▲挨饿,也不愿套着一条链子过▲舒适的生活。"

这是说,自由比安乐▲更重要。

(《伊索寓言》)

乌鸦兄弟

金江

朗诵要领：乌鸦兄弟三次对洞巢的修补"想法"是朗诵文章的难点，虽然内容一致，但是在语气、节奏上要有推进，有所区别。

背景提示：与三个和尚没水喝的故事相似。

乌鸦兄弟俩同住在一个窠里。有一天，窠▲破了一个洞。大乌鸦想："老二会去修的。"小乌鸦想："老大会去修的。"结果谁▲也没有去修。//后来洞越来越大了。大乌鸦想："这一下老二一定会去修了，难道窠这样破了，它还能住吗？"小乌鸦想："这一下老大一定会去修了，难道窠这样破了，它还能住吗？"结果又是谁也没有去修。

一直到了∨严寒的冬天，西北风呼呼地刮着，大雪纷纷地飘落。乌鸦兄弟俩都蜷缩在破窠里，哆嗦地叫着："冷啊！冷啊！"大乌鸦想："这样冷的天气，老二一定▲耐不住，它会去修了。"小乌鸦想："这样冷的天气，老大还耐得住吗？它一定会去修了。"

可是谁也没有动手，只是把身子蜷缩得更紧些。

风∨越刮越凶，雪∨越下越大。

结果，窠被风吹到地上，两只乌鸦都▲冻僵了。

一只"无用"的田鼠

朗诵要领：有用和没用的田鼠用不同的语气区分。在冬天还没到来之前，对第三只田鼠的表现有意渲染，以突出对比的效果。

背景提示：精神世界的富足是物质享受所不能替代的。

在田野里，住着▲三只田鼠。

秋天到了，三只田鼠开始准备过冬的东西。第一只田鼠▲每天都到田野上▲运粮食，准备冬天食用。第二只田鼠每天都到田野上▲运野草，准备冬天取暖。而第三只田鼠每天都跑出去▲游玩，对粮食和野草一点儿也不关心，好像冬天永远也不会到来一样。

两只田鼠劝它为即将到来的▲冬天多准备一些必要的东西，∨但它只是笑笑，仍然每天都出去游玩。

寒冷的冬天很快到来了，三只田鼠住在洞里，∨饿了就吃第一只田鼠运回来的粮食，冷了就用第二只田鼠运回来的野草取暖，而毫无贡献的第三只田鼠自然也得到了前两只田鼠的嘲笑。∨然而日子一天天地过去,每天都无所事事地待在洞里,做着同样的游戏,吃着同样的粮食,三只田鼠渐渐▲厌烦起来,感觉到了无聊的空虚。//

这时,第三只田鼠开始为前两只田鼠讲故事。↗讲它在秋天出去游玩的时候见到的许多▲新鲜有趣的故事,前两只田鼠听得津津有味,生活开始重新变得▲充实而有意义。作为感谢和报答,前两只田鼠经常把自己的粮食和野草挑出来一些送给第三只田鼠。

原来,有些贡献并不是从一开始就能看得出来的,然而▲我们却经常因为暂时看不到它的"用处"就▲舍弃了它。

(突出对比,体现段落感)

孔雀惜尾

朗诵要领:尽管文章开始部分称赞孔雀的尾巴之美,但是讽刺批评的基调却要贯穿全文,让全文的态度倾向、感情色彩能够一致。在朗读时,要从文章整体把握语气、节奏。

背景提示:你的长处是什么?它是帮助还是阻碍你的成功呢?

有一只雄孔雀的长尾巴真是漂亮极了,↗金黄和翠绿的颜色互相交错,在阳光下闪烁着艳丽的光泽。令人惊叹▲大自然的造化竟有如此神奇美妙的杰作,这▲绝不是一般的画家用七彩笔所能描绘得出来的。

岂止是人类羡慕雄孔雀美丽的尾羽,就连这雄孔雀自身▲也因这美丽而陶醉,以至进一步养成了嫉妒的恶习。它虽然已经被人类驯养很久了,但只要是见到了有少男少女们穿着颜色鲜艳的服装在大街上行走,仍然▲禁不住妒火中烧,总要撵上去▲啄咬几口,才肯罢休。//

早先,这只雄孔雀每逢在山里▲栖息的时候,总是要首先选择好一个能掩藏尾羽的地方,然后再来安置身体的其他部位。可是有一天,天上突然下起了大雨,雄孔雀因躲避不及,而淋湿了漂亮的尾羽,这使它好痛心呀。恰在此时,手持罗网捕鸟的人又来到了面前,而这只孔雀还在珍惜顾盼自己漂亮的尾羽,不肯展翅高飞▲逃离现场,于是只好落入了捕鸟人撒下的▲罗网。//

雄孔雀有着美丽的长尾羽,这本来是一件值得骄傲的事。但它却对自己的这一优长之处珍爱得太过分了,其结果▲反而招致了祸患。雄孔雀的下场警示人们:↗如果有谁对自己缺乏自知之明,将某个长处当包袱背起来,为其所累,这时▲好事就有可能变成坏事,引出本来不该发生的后果。

学问的好处

朗诵要领： 开篇明义，文章第一段明确了寓言的观点。在朗读时要首尾呼应。富翁的表述段落较长，其语气狂妄自大，阴阳怪气，瞧不起人、说反话的腔调自始至终，朗读时要把握整体节奏。

背景提示： 在不被理解和尊重的时候，学问和知识是你最好的朋友，因为知识就是力量，伴你前行。

从前，在一座城市中，有两个市民▲为不同的意见而发生争论。一个人▲贫困而有学问，另一个人▲富有但十分无知。富翁想贬低穷人，他认为一切聪明人都应该尊重他，说不尊重他的人就是傻瓜。但人们觉得▲没有道理去尊重一些没有价值的财富。

"我的朋友，"富翁对聪明人说道，"你觉得自己应该受到别人的尊重，但请你对我讲，你举办过宴会没有？你这种人，断文识字又顶什么用？你们总是住在顶层的亭子间，一年四季所穿的衣服既无区别又没有变化，你的仆人就是随身的影子。我们的国家倒真需要像你们这种▲不需花费多少钱的人呢！不过要我说，只有▲多花钱过舒坦日子的人▲才会促进社会的发展。老天在上，只要我们使劲花钱享受，才能保证▲手艺人、卖货郎、做裁缝的、做佣人的，还有你们这些把自己拿不出手的作品送给银行家的人▲有饭吃。"

这些极为狂妄的大话深深地刺伤了聪明人的心，有学问的人有满腹道理可反驳富人，但他不愿与他多费口舌。V以后发生的战争▲报了这一箭之仇，而且比任何的反驳或讽刺效果▲都妙，↗战争摧毁了富翁和穷人的住宅，两人都背井离乡离开了家。没文化的富翁已沦为乞丐遭人唾弃，而贫穷的文化人仍受人尊重和款待，他俩之间的争端▲也就划上了一个句号。

因此▲可以这么说，随便傻子如何贬低知识的价值，学问经得起考验，价值与日俱增。

患得患失

朗诵要领： 描述后羿心理活动的段落是文章的重点，朗读时要强调交流感，声音音量略低、语速稍慢、语气迟疑。适合男声。

背景提示： 三思而后行是一种谨慎的态度。但是，如果顾虑太多，前怕狼后怕虎，则就成了负担。

从前有一位神射手，名叫后羿。他练就了一身▲百步穿杨的好本领，立射、跪射、骑射样样精通,而且箭箭都射中靶心,几乎从来没有失过手。人们争相传颂他高超的射技,对他非常敬佩。

夏王也从左右的嘴里听说了这位神射手的本领,也目睹过后羿的表演,十分欣赏他的功夫。有一天,夏王想把后羿召入宫中来,单独给他一个人演习一番,好尽情领略他那炉火纯青的射技。

于是,夏王命人把后羿找来,带他到御花园里找了个开阔地带,叫人拿来了一块一尺见方,靶心直径大约一寸的兽皮箭靶,用手指着说:"今天请先生来,是想请你展示一下您精湛的本领,这个箭靶就是你的目标。为了使这次表演不至于因为没有竞争而沉闷乏味,我来给你定个赏罚规则:如果射中了的话,我就赏赐给你黄金万两;如果射不中,那就要削减你一千户的封地。现在请先生开始吧。"

后羿听了夏王的话,一言不发,面色变得凝重起来。他慢慢走到离箭靶一百步的地方,脚步显得相当沉重。然后,后羿取出一支箭搭上弓弦,摆好姿势拉开弓开始瞄准。

想到自己这一箭出去可能发生的结果,一向镇定的后羿呼吸变得急促起来,拉弓的手也微微发抖,瞄了几次都没有把箭射出去。后羿终于下定决心松开了弦,箭应声而出,"啪"地一下钉在离靶心足有几寸远的地方。后羿脸色一下子白了,他再次弯弓搭箭,精神却更加不集中了,射出的箭也偏得更加离谱。

后羿收拾弓箭,勉强赔笑向夏王告辞,悻悻地离开了王宫。夏王在失望的同时掩饰不住心头的疑惑,就问手下道:"这个神箭手后羿平时射起箭来百发百中,为什么今天跟他定下了赏罚规则,他就大失水准了呢?"

手下解释说:"后羿平日射箭,不过是一般练习,在一颗平常心之下,水平自然可以正常发挥。可是今天他射出的成绩直接关系到他的切身利益,叫他怎能静下心来充分施展技术呢?看来一个人只有真正把赏罚置之度外,才能成为当之无愧的神箭手啊!"

患得患失、过分计较自己的利益将会成为我们获得成功的大碍。我们应当从后羿身上吸取教训,面临任何情况时都应尽量保持平常心。

(童话故事网)

螳螂之勇

朗诵要领:本文可以理解为螳臂当车的另一种解释,是赞美的基调。齐庄公与随从的对话是重点,两人的语气不同、态度不同,齐庄公的声音厚实威严但又不失和蔼,随从回答庄公的语气是毕恭毕敬的,但对螳螂却很轻视。适合男声朗读。

背景提示:换个角度看事物,或许会发现不一样的答案。

有一次,齐庄公带着几十名随从▲进山打猎。一路上,齐庄公兴致勃勃,↗与随从们谈笑风生,驾车驭马,好不轻松愉快。忽然,前面不远的车道上,有一个绿色的小东西,近前一看,原来是一只▲绿色的小昆虫。那小昆虫正奋力高举起它的两只前臂,怒气冲冲地挺直了身子直逼马车轮子,一副要与车轮搏斗的架势。

小小一只虫子,竟然敢与庞大的车轮较量,那情景十分感人。这有趣的场面引起了齐庄公的注意,他问左右:"这是什么虫子?"

左右回答说:"大王,这是一只螳螂。"

庄公又问:"这小虫子为何这般模样?"

左右回答说:"大王,它要和我们的车子搏斗,它不想让我们过去呢。"

"噫!真有趣。↗为什么会这样呢?"庄公饶有兴趣地问左右。

左右回答说:"大王,螳螂这小虫子,只知前进,不知后退,体小心大,自不量力,又轻敌。"

听了左右这番话,庄公反而被这小小螳螂打动,他感慨地说道:"小小虫儿,志气不小,它要是人的话,一定会成为最受天下尊敬的勇士啊!"说完,他吩咐车夫勒马回车,绕道而行,不要伤害螳螂。

后来,齐国的将士们听说了这件事,都非常感动。从此,他们打起仗来更加▲奋不顾身,都愿以死来效忠齐庄公。

人们常说▲螳螂当车,不自量力。然而我们从另一面来看,螳螂当车之勇,也实在可赞可叹,∨这种▲置生死于不顾、敢于抗争的勇气,不是应该对我们有所启发吗?

(寓言故事网)

对牛操琴

朗诵要领:文章描述公孙仪琴艺高超和对牛弹琴的两个段落,形成鲜明对比,在表达上,语气从大加赞美转变为开始置疑,声音从明亮圆润转变为沉闷嫌弃的语调。

从前,有个叫公孙仪的人,非常善于弹琴。从他的琴声中▲能听得出泉水涓涓,也能听得出大海的怒涛;↗能听得出秋虫唧唧的低鸣,也能听得出小鸟婉转的歌唱。曲调欢乐的时候,会让人禁不住眉开眼笑;↗曲调悲哀的时候,能使人心酸不已,跟着琴声呜咽。凡是听过他弹琴的人,没有不被他的琴声打动的。

一次,公孙仪弹琴的时候,看到有几头牛在不远处吃草,不由得突发奇想:"我的琴声,听了的人都说好,↗牛会不会也觉得好呢?且让我来试一试。"

这样想着,公孙仪就坐到牛旁边,使出浑身的解数,弹了一首名叫《清角》的拿手曲子。这琴声果然美妙极了,任何人听了都会发出▲"此曲只应天上有,人间能得几回闻"的感慨。可是那些牛还是静静地低着头吃它们的草,丝毫没有反应,就好像它们从来不曾听到过什么一样。

公孙仪想了想,又重新弹起琴来。这一次▲曲调变了,音不成音、调不成调,听上去实在糟糕,很像是一群蚊蝇扇动翅膀发出的"嗡嗡"声,中间似乎还间杂有一头小牛"哞哞"的叫声。

这回牛总算有了反应了,↗纷纷竖起耳朵、甩着尾巴,迈着细密的小步子走来走去地倾听着琴声。

牛终于听懂了公孙仪的琴声,那是因为▲这声音接近于它所熟悉的东西。所以我们解决问题的时候▲要根据不同事物的不同特点,对症下药地研究解决方法。

失去财产的守财奴

朗诵要领: 守财奴的话是文章的重点,他伤心哭泣以致气息挤捏不通,尤其是说"随时取用?"这句话时,情绪激动得导致气颤声抖。文章的讲述者语重心长,气息平稳,以对比守财奴的吝啬。

财产的拥有是为了享用,而守财奴的爱好却只是占有钱财,却不去使用。∨试想一下,他们和贫民相比,好在哪里呢?古希腊哲学家狄瑞纳的生活清贫但很幸福,而守财奴过的却是乞丐的日子。伊索指给人们看的那个▲埋藏财宝的人,就很能说明这个问题。

这个不幸的人有一笔钱舍不得用,埋在地下了,他的心仿佛也埋了进去,他不需要其他消遣打发时光,唯一的快乐就是想那笔财富。他认为▲钱财只有越想才越有价值,因而也就越舍不得花。他总怕钱财被人偷走,吃不好,睡不安,没事总在那转悠。日子一久▲被一盗墓贼发现,这人料想此地肯定有宝物,于是▲不做声不做气地把它盗走了。

第二天早晨,守财奴发现钱财不翼而飞,顿时▲捶胸顿足,嚎啕大哭,痛不欲生。一个过路人问他为何哭得如此伤心,他抽泣着回答:"有人偷了我的财宝。"

"你的财宝,埋在哪里被偷走的?"

"就在这块石头旁边。"

"嗨,现在是什么日子,难道还是兵荒马乱的年月?你干吗把财宝埋得这么远?当初你把它放在自己的保险柜里▲岂不是太平无事?况且随时取用也方便呀。"

"随时取用?上帝啊!难道我用得着贪图这一丁点方便?你没听说过,用钱容易赚取难吗?我是从不动它一指头的。"

过路人笑了:"既然▲你从不动这笔钱,那你就在这里埋一块石头,把这块石头当作你原来的钱财,↗因为这对你来说是一样的。"

(伊人读书网)

狯生梦金

陈金安

朗诵要领:秀才看到意外之财后的喜不自禁至钱财失落后的大失所望,情绪几起几落。声音的处理要在批评基调的前提下有所变化,体现层次感。

一位秀才正在书房里读书,突然听见敲门声。开门一看,原来是位▲白发苍苍的老翁。相貌长得很古怪。让进屋后,秀才问老者姓名,老人说:"我姓胡,名叫养真,其实是▲千年修炼得道的狐仙。因为仰慕您秀才的高雅,愿和您做个朋友,谈谈学问和诗文。"

秀才从来豁达随和,听了并不以为怪,于是便同老翁谈古论今起来。老翁十分博学,谈吐极为精彩风雅,↗叩问他经史百家的经典要义,居然能理解深透,解释精妙,真是出口成章,气度不凡。秀才感到很出乎意料,因此对老翁十分佩服,从此结为知交。

有一天,在交谈中▲秀才小声地请求老翁道:"您对我很好,可是,您看我这么穷,有时连饭都吃不饱。您是得道仙人,只要费举手之劳金钱肯定会马上到手。真对我好,何不给我一点小小的周济帮助呢?"老翁一听,沉默了一会儿,有点不以为然的样子。稍后又笑道:"这是很容易的事,但需要十几个钱作母钱,好生许多子钱。"秀才照办了。∨老翁于是同秀才来到一间密室,一边慢慢踱步,一边嘴里念咒语。忽然,只见无数的钱▲哗啦啦地从房梁上下雨似地往下落,转眼之间钱就堆了半屋,足有三尺高。老翁问秀才:"您看够了吗?""够了够了。"秀才喜不自禁。于是两人先后出来,把门关好。送走老翁后,秀才就进密室去取钱。可开门一看,满屋的钱顷刻都不见了,只剩下原来作母钱的十几个钱,还稀稀落落地丢在地上。秀才大失所望,气呼呼地去责问老翁▲为何欺骗和戏弄自己。老翁淡淡地对秀才说:"我本来是要和您结个文字之交相互切磋,并没想到跟您合谋去广积钱财。刚才满屋子钱都是我临时从别人那里借来的,为了清白,只好又还给人家了。如果您还想发份外之财,就请您去找会偷盗的'梁上君子'作朋友吧!老夫不能成全您了。"说完,老翁拂袖而去。

精神生活也要以物质为基础,读书人也需要钱,可"君子爱财,取之有道",不可借旁门左道大发横财,否则即使不遭致横祸,也会"竹篮打水一场空"。

(《中国寓言故事》)

练习篇

纸上的字

朗诵提示：基调：虚惊一场；角色声音可用虚、实、快、慢等特征区分。

小白兔在树林里玩，拾到一张纸片，纸片上写着四个字：一条老狼。小白兔吓得直哆嗦。它拼命跑回家告诉妈妈："妈妈妈妈，树林里有一条老狼，你看你看！"

白兔妈妈看了纸片，也吓坏了：这可是大事，快告诉兔子村所有的伙伴。不一会儿，兔子村的伙伴们都来看这张纸片，许多兔子吓得哭起来。

村长老灰兔来了，它仔细看了看纸片说："别怕别怕，这是半张纸片，另外半张上写的什么还不知道呢。小白兔，这张纸片是从哪儿捡的？"

"小树林里。"

"我们一起去看看吧。"

小白兔领着村长老灰兔和许多兔子来到小树林。村长老灰兔说："大家找找看，这儿肯定还有纸片。"大家找呀找，一只小白兔眼尖，找到了另一张纸片，纸片上写着"来了"④两个字。

两张纸片合在一起，大家吓坏了。啊，一条老狼来了，快跑呀！大家乱作一团，有的居然大哭起来。村长老灰兔拿不定主意了，因为这句话已经写得很明白了。

④ 为了渲染恐惧，重音"来了"的声音可用低、虚、弱的处理方法。

一只小松鼠听见哭声问："你们哭什么呀？"

村长老灰兔说："一条老狼来了，我们要倒霉了，你瞧这纸片。"

小松鼠看了看纸片说："这纸片还没完整，你瞧，这儿还有撕的印儿，再找找看，一定还有其他碎纸片。"⑤

灰兔村长仔细看了看，明白了，连忙叫兔子们一起找。可找了好久没找到。长颈鹿来了，说："你们找什么呀？"⑥

⑤ 小松鼠的声音特征：轻、柔、细

⑥ 长颈鹿的声音特征：重、远、粗

"我们找碎纸片。"

长颈鹿四面瞧瞧，说："瞧，那树枝上有一张碎纸片。"

兔子们抬头一瞧，果然不远的树枝上有一张碎纸片，还一掀一掀的呢。原来它们光顾找地上了。长颈鹿衔来了纸片，村长老灰兔把三张碎纸片合一起，啊，这才是一张完整的纸片呢。纸上写着："一条老狼来了，可是被我打死了，大家别害怕。"下面署名是"神枪小猎人"。

河流与大海

朗诵提示：小河的语气变化是文章的难点，大致的变化是"骄傲自满——懊丧灰心——谦虚自信"，需要朗读者不断调整感情色彩。

夏天，河水上涨，河面变得宽阔了。小河觉得天底下只有自己最大。于是，它便骄傲地说："看！我有多大啊，谁也比不上我！"

小溪听见了，对小河说："小河，你说什么呀！大海要比你大无数倍呢！"

小河听了不服气地说："哼！我才不相信呢。大海哪有那么大的面积！"

小溪听后，说："不信，那你就去和大海比一比吧！"

小河充满自信地朝大海奔去。一路上，它仰着身子，翻卷着浪花顺流而下，发出欢快的歌声。⑦

⑦ 处理好此句语气和文章基调的关系

到了大海，只见一片汪洋。往远处看，只见，天连着海，海连着天，无边无际。小河毫不示弱，用尽全身力气，踮起脚跟儿，甚至都跳了起来，可是却怎么也看不到岸边。它懊丧地自言自语说："唉，我原以为自己很大，原来大海真的比我大很多啊！"

大海听了笑了笑，谦虚地说："不错，我是比你大得多，可是如果没有无数江河流到我这来，我也不会有这么大呀！"⑧

⑧ 大海的话点名故事寓意，需着重强调

小河听了，明白了过来："如果小河不再流向大海，大海便不再美丽，而它自己也会被太阳晒干，想着想着它便融入大海，发现大海不仅比它大无数倍，里面的生物也是千奇百怪！"

笨狼上学

朗诵提示：笨狼声音憨直尖，语气认真。文章基调滑稽可爱，结尾出乎意料。

有一只笨狼，独自在森林里待得不耐烦了，就想去上学。学校里有那么多的小朋友，一定会很好玩。

笨狼来到学校，坐在小朋友们中间，听老师讲课。

第一节课，老师教大家学习词语。老师用红色的粉笔在黑板上写了"苹果"两个字，告诉大家说："这是苹果。"

"不对，苹果是圆圆的、红红的、甜甜的。"笨狼第一个站起来反对说。

"是呀，笨狼说得没错，我们都吃过苹果，知道它是什么样子。"其他的孩子齐声说。

"这是'苹果'两个字，又不是真正的苹果。"老师生气地说。

"为什么苹果不是真正的苹果?"笨狼又问。⑨

"是呀,不是真正的苹果,我们学了又有什么用?"别的孩子又齐声说。

⑨ 滑稽荒诞的场景,声音此起彼伏,节奏紧张。

"跟你们说不清楚,我们不学词语了,还是讲故事吧!"老师说。

于是,老师给孩子们讲小红帽的故事,孩子们安安静静地听着,听得非常认真,但是忽然一个尖利的嗓子愤怒地抗议:"不对,这全是造谣,我根本就没有吃过小红帽。"

"也许是你爸爸干的。"一个小朋友说。

"我爸爸不会干这种事!"

"也许是你爷爷?"

"也可能是你太爷爷?"

笨狼想了想,不再吭声了,因为他确实不知道爷爷和太爷爷究竟干没干过像吃小红帽这一类的坏事。

老师本来想告诉笨狼,故事并不一定都是真的,又怕他不明白,老师就说:"好了,现在我们不讲故事了,我们去上体育课吧!"

笨狼和小朋友们来到大操场,在跑道上排好队伍。老师让大家跑步,谁跑得最快,谁就是体育最好的学生。

"预备,跑!"

老师的口令刚发出,笨狼就像箭一样朝前飞跑。他在跑道的拐弯处忘记了拐弯儿,因此,他笔直穿过大操场,越过田野,跑回大森林里去了。⑩

⑩ 为了表现笨狼跑得飞快、头脑简单,结尾段落语速快、声音急,结束处适当声音放低、放缓。

(童话鱼网站)

狐狸和狼

朗诵提示: 文章中狐狸的角色狡猾,声音细、语速快,语气洋洋自得。狼的角色让人可怜,天真但不爱动脑。

有一只住在海边的狐狸,它每天见惯海浪的起伏,所以海浪的性情,它是很明了的。有一次,它遇见一只从未见过海的狼。它问狐狸说:"海是个什么模样的呢?"狐狸答道:"是一片水。"狼又问,"它是归你管辖的吗?"狐狸道:"我住在那里自然是我管辖的。"狼说:"我可以去看一看吗?"狐狸说:"可以的。"

于是它们一同来到海边。

狐狸对海浪说道:"你们涌上来。"海浪果然依着它的话涌上来。一会儿狐狸又说:"你们退下去。"海浪果然又依着它的话退下去。接着狐狸又说道,"你们涌起来,伏下去,我不命令你停止你不要停止!"海浪果然不停不息地涌着伏着。

狼见了,就深信狐狸有管海的大权。于是它问狐狸道:"我可以去到海里玩一会儿吗?"狐狸答道:"可以的,你不见海已服从我的命令吗?"狼深信不疑,很放心地跳到海里去,不料波浪一涌,把它漂去溺死了。

到了涨潮的时候,又把狼尸送到海岸来,狐狸抓着它,一边吃一边说:"愚人,是应该给狡猾者果腹的。"⑪

⑪ 结尾处,狐狸的本性暴露,声音狠,咬着牙说话。

(百度文库)

穷人的幸福

朗诵提示:情节有起伏,叙述的语气避免平淡。运用声音、语气对比刻画穷人和富翁。

据传说,过去在巴格达住着一个百万富翁,他的邻居却是一贫如洗的鞋匠。鞋匠家里,妻儿父母,老老少少,都要由他来赡养。为了生活,穷鞋匠整日辛辛苦苦,忙碌不停,好不容易用汗水挣来一些钱,仅够全家勉强糊口。虽然每日粗茶淡饭,但每当晚饭后,鞋匠一家人就围坐在一起,不断地赞颂着真主的恩慈,愉快地歌唱欢乐。而那位富翁,却日日夜夜忙于算账点钱,总是挖空心思,考虑如何赚大钱,发洋财。至于唱歌、娱乐,他就根本无暇过问了。

每当富翁听到鞋匠家唱歌欢乐时,就感到心烦意乱。他灵机一动,计上心来,决心要结束邻居的欢乐与幸福。

第二天早上,富翁背了一袋钱,来到鞋匠家门前,敲了敲门。鞋匠开门后,两个互致早安,接着富翁便对他说:"亲爱的邻居,我想在你家里存放一百个第纳尔,请你代我保管一下。"⑫

⑫ 这个段落承上启下,富翁话语的内在语需用心体会。

鞋匠答应了他的要求,并感谢富翁对他的信任,然后接过钱袋,把它交给妻子,让她保管起来。

从这天起,富翁就听不见鞋匠家的歌唱和欢乐声了,因为每天晚饭后,他们就忙于点数着钱袋里的第纳尔,唯恐出现差错,以后无法向富翁交代。

时间一天天过去,穷鞋匠感到这个钱袋扰乱了他家的正常生活,窒息了他们全家欢乐幸福的生活气氛。于是,他毅然背起钱袋来到富翁家,对他说道:

"给你的钱袋,请你还给我们的幸福吧。生活虽然清苦,但只要心情舒畅,也比富有而无聊的日子强得多。"

从此以后,穷鞋匠家里,每天晚上又响起了愉快的歌声和爽朗的欢笑声。

(百度文库)

小说演播

——小说演播提示——

　　小说的朗诵或演播其实就是讲故事,讲故事最重要的就是"引人入胜",要让别人听得津津有味。怎样才能做到这一点呢?

　　首先,小说主要通过故事情节来体现人物性格,表达中心思想,所以把握故事脉络至关重要。对于小说片断的演播,应该尽可能地通读全篇,充分了解整个故事的发展脉络,了解作品的主题和内容。这样才能准确地把握基调,正确、生动地进行语言的二度创作。小说情节的曲折起伏,主要是通过我们的声音形式、语气、节奏的变化来体现的,要根据故事脉络,恰当地安排好语速的快慢、语气的强弱和虚实的变化。

　　其次,人物是小说的灵魂,有声语言的二度创作要充分展示人物形象的特征。人物形象的思想特征表现在人物的言语、举止、外貌、心理活动的描写上。朗诵时,要把握人物的基调,从人物的思想心理入手,准确、生动地表达人物个性化的语言。小说来源于生活,对生活的感受越具体,人物的形象和个性就越鲜明、越典型、越生动。在演播时一定要将作品人物与现实生活中的人物进行有机结合,以此来进行声音造型,灵活把握各类人物的不同语言特点。比如:儿童声音甜美、咬字靠前;青年人音色明亮舒展、咬字坚实有力;老年人声音沙哑,气弱声低等等。

　　同时不能忽略小说的环境描写。朗诵时,要力求体现出人物在此间的思想与心理动态,寓情于景,将听众带入氛围之中。

朗读标注

▲ 　　　　短暂停顿，表示"声断意还连，情还在"，比∨停顿时间稍短

∨ 　　　　停顿

∨∨　　　停顿时间比∨稍长

⌒ 　　　　连接

// 　　　　层次转换

.. 　　　　重音

↗ 　　　　语气上扬

↘ 　　　　语气下降

___　　　标注提示

精讲篇

立春（节选）
何延华

朗诵要领：基调轻快、活泼，营造和谐美好的氛围。朗读过程中，要突出少年的纯真和善良，以及小羊羔的调皮捣蛋，充分调动情景再现，把握节奏的变化，使生动的画面能展现在听众眼前。

背景提示：小说《立春》通过一个十二岁少年的视角描写了动物和人两个不同的世界。少年因心智发育得迟缓，从而保存着纯粹安详的心灵，从而对照性地揭示成人世界生活的复杂和混乱。这段节选是小说的开篇，充满春天的气息。

立春这一天，太阳格外明媚。十二岁的少年∨左手提着一只盛满大红颜料的小塑料桶，右手握一把漆刷，在满院家畜中间忙来忙去。早晨的阳光欢快地洒在他的身上，使那件手工编织的淡蓝色旧毛衣也泛出一层乳白色，暖着人的眼睛。少年不时地撅起薄薄的嘴唇，吹一两声快活的口哨，将漆刷往桶里一蘸，顺手逮住身边的某只羊，麻利地往它肥壮粗短的尾巴上一抹，这只羊∨就立即显出一副喜气洋洋的姿态。一大群家畜围着他，鸡群，鸭群，羊群，都伸长了脖子，向他发出乞食的焦躁的呼唤。一只小羊羔∨半跪在妈妈的身下拱奶吃，另一只见了，不管饿不饿，也跑过来凑热闹。结果，照例引发了一场战斗。几个回合下来，战败的那一只很聪明地选择了逃跑。它在自以为安全的地带站定，懊丧地喘着粗气，竖起耳朵前后左右紧张观望，确定自己并没有受到对手的追击，便气急败坏地寻找发泄的对象。几番忙碌地打量和比较之后，它选择了正忙得不亦乐乎的少年，鼓足劲儿歪头撞向他的屁股。小羊倌猛然受了这一击，摇晃了几下便向前扑去，幸好∨倒在一只肥壮的母羊身上，大红颜料泼了母羊一身，也洒了小羊倌满脸。家畜们惊得面面相觑。小羊倌站起身低头一瞧，淡蓝色的毛衣上也洒了一大片。他扔掉漆刷，气呼呼地寻找捣蛋鬼，然而∨每只羊都显出茫然的神色。那使了坏的小羊羔∨则以更加无辜的眼神一本正经地注视着他，使他终于自认倒霉，咧着嘴∨嘿嘿笑了起来。随着笑，他的两颗小虎牙∨迅速一闪，上嘴唇上的绒毛也发出一抹∨和阳光一样的金色。

（《飞天》2010年第3期）

水塔上（节选）

姜贻斌

朗诵要领：可采用朗诵散文的节奏特点，语气亲切、柔和。注意老人的语言特色，此处追求神似即可，中声区，略带沙哑，降低舌面，口腔松弛自然。

背景提示：小说描绘了老人与狗守护着水塔，相伴相随、相依相存的生活图景。一塔，一人，一狗，守着一份平凡又重大的责任，体现出人与自然、与动物之间的美好情感和相互眷恋的深情。

听说∨老人还养了一条高大的黑狗，它也像老人一样凶恶，发现有人来了，它比老人先叫起来，龇牙咧嘴的，汪汪的狂叫声，足以震慑任何来人。

听说，平时呢，黑狗就无所事事地伏在老人身边，觉得无聊了，还不时地逗着老人玩耍。不是将老人的烟斗叼走，偷偷地藏起来；就是把老人的鞋子，叼到一个不容易看见的地方。老人晓得是它在捣蛋，就跟它说好话，喂，黑鬼，把我的东西拿出来，你听到没有？（商量的语气）一连说好几遍，它竟敢不听。一定要惹得老人发火了，凶狠地叫着，黑鬼，你想挨打了么？（凶恶的、发怒的语气，声重、气粗）冒火的眼睛死死地盯它，黑狗才乖乖地一声不吭∨将所藏之物叼出来，装着闷闷不乐的样子，送到老人手里，然后，慢吞吞地走开了。

有时，黑狗蹲在小门边，若有所思地望着山下，远处有火车或者汽车经过，尖锐的汽笛声和喇叭声响起来时，黑狗就睁大眼睛，好奇地把视线移过去。∨当然，久而久之，黑狗也就无所谓了，见怪不怪了。它只是感到惊讶的是，那些庞然大物，为什么能够叫出震耳欲聋的声音来，而它∨却不能够呢？有时候，黑狗有些不服气，拼着浑身的力气，汪汪地大叫起来，∨却只叫上一阵，就立即泄了气，晓得∨无法与那些庞然大物相比。

老人听到黑狗的狂叫声，就会马上赶出来，以为有人靠近了水塔。他睁大眼睛，四下里扫视，并没有发现人影子。再低头看黑狗，就觉得受了它的愚弄，就骂起来：你发癫了吗？你再乱叫，看我不饿死你？（发怒的语气，声高、气粗）

黑狗∨像受了委屈，低下眼皮，生着闷气。难道我叫几声都叫不得么？我天天跟着（埋怨的语气，声低、气闷）你憋着，久而久之，那不也会成了个哑巴？

（《小说选刊》2010 第 3 期）

走出沙漠

沈宏

朗诵要领：整体节奏低沉，声音偏暗沉，语速较慢，语势多为落潮。注意人物语言在特殊情境下的声音、气息特点。

背景提示：故事以"最后的一壶水（希望和信念）"为文眼。情节既紧张又感人，展现出人在困境和死亡面前，放弃与坚持的角力。故事结尾处情节的突转，为全文情感的宣泄高潮。

他们四人的眼睛都闪着凶光，并且又死死盯住那把挂在我胸前的水壶。而我的手∨始终紧紧攥住水壶带子，生怕一放松就会被他们夺去。

在这死一般沉寂的沙漠上，我们∨对峙着。这样的对峙，今天中午已经发生过了。

望着他们焦黄的面庞和干裂的嘴唇，我也曾产生过一种绝望，真想把水壶给他们，然后就……∨可我不能这样做！//

半个月前，我们跟随肇教授∨沿着丝绸之路进行风俗民情考察。可是在七天前，谁
<small>转换语气，体现段落感</small>
也不知道怎么会迷了路，继而又走进眼前这片∨杳无人烟的沙漠。干燥炎热的沙漠消耗了我们每个人的体力。食物已经没有了。最可怕的是干渴。谁都知道，在沙漠上没有水，就等于死亡。迷路前，我们每人都有一壶水；迷路后，为了节省水，肇教授把大家的水壶集中起来，统一分配。∨可昨天夜里，肇教授∨死了。临死前，他把挂在脖子上的最后一个水壶给我说："你们∨走出沙漠∨全靠它了，不到万不得已时，千万……千万别动它。
<small>垂危者的语气，语速慢、声弱、气息奄，但不失坚定</small>
▲坚持着，一定要∨走出沙漠。"//

这会儿∨他们仍死死盯着我胸前的水壶。
<small>转换语气，体现层次感</small>
我不知道什么时候能走出这片沙漠，而这水壶是我们的支柱。所以，不到紧要关头，我是决不会取下这水壶的，▲可万一他们要动手呢？看到他们绝望的神色，我心里很害
<small>倒吸气</small>
怕，我强作镇定地问道："你们……"

"少啰嗦！"满脸络腮胡子的孟海不耐烦地打断我，"快……快把水壶给我们。"说着∨
<small>声音因缺水而嘶哑，气喘、气虚</small>
一步一步地向我逼近。他身后的三个人也跟了上来。

完了！水壶一旦让他们夺去，我会……▲我不敢想象那即将发生的一幕。突然，我跪了下来："求求你们不要这样！你们想想教授临死前的话吧。"
<small>语气急迫、恳切</small>

他们停住了，一个个∨垂下脑袋。

我继续说:"目前我们谁也不知道∨什么时候能走出沙漠,而眼下我们就剩下这壶水
_{恳切劝说的语气}
了。所以不到紧要关头还是别动它,现在离黄昏还有两个多小时,乘大家体力还行,快走
吧。相信我,到了黄昏,我一定把水分给大家。"

　　大伙∨又慢慢朝前艰难地行走。这一天∨总算又过去了,可黄昏∨很快会来临。到
了黄昏还有深夜,还有明天,到时……▲唉,听天由命吧。

　　茫茫无际的沙漠∨简直就像如来佛的手掌,任你怎么走也走不出,当我们又爬上一
个沙丘时,已是傍晚了。

　　走在前面的孟海停了下来,又慢慢地∨转过身。
_{体现内在语:"他们又要跟我要水了"}

　　天边的夕阳渐渐地铺展开来,殷红殷红的,如流淌的血。那景色是何等得壮观!夕
阳下的我∨与孟海他们∨再一次对峙着,就像要展开一场生死的决斗。我想此时已无路
可走,还是把水壶给他们。一种真正的绝望从心头闪过,就在我要摘下水壶时,只听郁平
叫道:"你们快听,好像有声音!"
_{惊喜的语气}

　　大伙赶紧趴下,凝神静听,从而判断出∨声音是从左边的一个沙丘后传来的,颇似流
水声。我马上跃起:"那边可能有绿洲,快跑!"
_{惊喜、充满希望的语气}

　　果然,左边那高高的沙丘下出现一个绿洲。大家发疯似地涌向湖边……//

　　夕阳西沉,湖对岸那一片绿色的树林生机勃勃,湖边开满了种种芬芳的野花。孟海
_{转换语气,体现段落感}
他们躺在花丛中,脸上浮现出满足的微笑。也许这时∨他们已忘掉还挂在我胸前的那个
水壶。可我心里∨却非常难受,我把他们叫起来:"现在∨我要告诉你们一件事。为什么
_{沉重的节奏}
我一再不让你们喝这壶水呢?其实里面∨根本∨没有水,▲只是一壶沙。"我把胸前的水
壶摘下来,拧开盖。霎时,那黄澄澄的细沙∨流了出来。

　　∨∨大伙都惊住了。

　　我看了他们一眼,沉重地说:"从昨天上午开始,我们已经∨没有水了。可教授没把
_{语气由沉重转为哽咽}
真相告诉我们。他怕我们绝望,所以∨在胸前挂了一个水壶,让我们以为还有水。为了
不让我们看出是空的,他偷偷地灌上一壶沙。事后,教授知道自己不行了,因为他已经∨
好几天不进水了,他把自己的一份水都给了我们。教授把事情告诉我∨并又嘱咐,千万别
让大家知道这水壶的真相。它将支撑着我们走出沙漠。万一我不行了,你就接替下去……"

　　我再也说不下去了。孟海他们∨已泣不成声。当大家回头望着身后那片∨死一般
沉寂的长路时,才明白▲是怎样走出了沙漠……

(《微型小说选刊》2009 年第 11 期)

把生命送进狮口

澜 涛

朗诵要领:把握好贯穿全文的紧张节奏,以及在紧张之中内心的悲痛与之形成的节奏对比变化,是朗诵这篇文章时的要点。

背景提示:妻子用自己的身躯奔赴狮口保住了丈夫的生命,她在生与死之间做的选择,成了对一个"爱"字的全部诠释,感人至深。

他和妻子∨驾着一辆满载生活用品的卡车∨奔驰在无边的热带草原上,他们要去处于草原深处的建筑公路的基地。

就在这时,突然∨在他们的近前闪现出一头凶猛的狮子。卡车加大马力狂奔,试图
<倒吸气,语速加快>
甩掉狮子,狮子却紧追不放。

他们越是心急,令他们恼火的事情偏偏发生:汽车陷进一个土坑,熄火了。要想重新发动汽车,必须用摇把把车子摇醒。可狮子就趴在车外,眈眈而视。

大声吼吓,抛掷东西,两个人办法施尽,狮子却丝毫没有走开的意思。无奈中,他拥着妻子∨在车里度过了漫长难耐的一夜。可是狮子比他们还有耐心,第二天早上,这头猛兽∨还守在车外。

太阳似火,空气仿佛都在燃烧。妻子已经开始脱水了。在热带草原上,脱水是很可怕的。不用多久,人就会死亡。他只有紧紧拥住妻子,似乎只有这样,才能不让狮子和死亡把她带走。此时,他们内心的绝望比狮子还狰狞。必须行动了,否则只能坐以待毙。他说:"只有我下去和狮子搏斗,或许∨能取胜。"其实两个人心里都很清楚,即使他
<下决心的语气,却底气不足>
们的力量加起来∨也未必抵得过那头猛兽。妻子像是在自言自语:"不能再待下去,否则
<陈述事实夹带思考的语气,气弱声虚>
∨不是热死,也会精疲力尽,最后∨连开车的力气也没有了。很多人都在等我们回去,再不回去,他们连饭∨都吃不上了。"

车外,狮子一点∨都没对他们失去兴趣,它欲耗尽对手的生命,以延续它的生命。没有刀光剑影,生与死▲在沉寂中却铿锵相对。//

不知过了多久,妻子轻轻地说道:"我有一个办法。""什么办法?快说!"妻子默默地伸
<转换语气,体现段落感>　　　　　　　　　<温柔、舒缓的语气>　<急切的语气>
出双手,搂住他的头,深情地凝望着,然后∨一个字一个字地说:"你∨一定要把车∨开回
　　　　　　　　　　　　　　　　　　　　　　　　　　　　　　<语速放缓、坚定有力>
去!"他突然明白了妻子的所谓办法,抓住妻子的肩膀吼道:"不行! 不!"妻子扳开他的
　　　　　　　　　　　　　　　　　　　　　　　　　　　<情绪突然激动,气息奔涌而出>

手:"你不能这样,不能冲动。你下去,谁开车?"她话没说完,就猛地推开他,打开车门,跳下去,拼命向远方跑去。
<提语速,连贯动作一气呵成>

狮子随之跃起,疾追而去。

她这是将生命∨送进狮口,为丈夫铺设生还之路。

他只觉热血冲头,欲爆欲裂。他抓起摇把,跳下车,追向狮子。他怎么能看着自己的妻子∨活活被猛兽吃掉呢?

妻子的声音从远处传来:"快把车开走!快开走!"他的心被撕扯着,刺扎着。他在妻
<急切的叫喊,气短、声促>
子的喊声中回到车前,发动起汽车,疯了般地追向狮子。

远远地,狮子撕咬妻子的情景∨也撕碎了他的心。汽车撞向狮子,那猛兽才惊慌地逃走了。

草原上∨只留下响彻很远很远的哭声——凄惨、▲悲凉、▲断肠。//

凶残∨可以夺走生命,却夺不走▲永恒不变的一个字:▲爱。
<转换语气,体现段落感>

(《中国集体经济》2000年05期)

鬼吹灯(节选)

天下霸唱

朗诵要领:紧张惊悚的基调。播讲叙述性语言,注意不要用"客观的旁观者"的身份,而应该是"知情人"的身临其境的描述。男声播讲。

背景提示:这是2006年在网络上迅速流行起来的一部糅合了现实和虚构、盗墓和探险的网络小说,主要讲述了盗墓者的一系列诡异离奇故事。

等到了地方,他先喝了身上带的半斤烧酒,以壮胆色。这天夜里,月冷星寒,阴风嗖嗖地刮着,坟堆里飘荡着一片片磷火,不时有几声∨叽叽吱吱的怪鸟叫声响起,手中的风灯∨忽明忽暗,似乎随时∨都可能熄灭。

胡国华这时候∨虽然刚喝了酒,还是被这鬼地方吓得出了一身冷汗,这回可好,那半斤烧刀子∨算是白喝了,全顺着汗毛孔出去了。

好在这是一片野坟,谁都不知道是什么年代的,附近完全没有人烟,大喊大叫也不怕被人听见,胡国华唱了几段山歌给自己壮胆。但是会的歌不多,没唱几句∨就没词了,干脆唱开了平日里最熟悉的∨"五更相思调"和"十八摸"。

胡国华硬着头皮∨战战兢兢地到了这一大片坟地中央。那里果然是有一座无碑的孤坟,在这一片荒坟野地之中,这座坟∨显得是那么的与众不同。

这座坟∨除了没有墓碑之外,更奇怪的是∨这坟的棺材没在封土堆下面,而是立着∨插在坟丘上,露出多半截子。棺材很新,锃明瓦亮地走了十八道朱漆,在残月的辉映下,▲泛着诡异的光芒。

胡国华心中有些嘀咕,这棺材∨怎么这样摆着?真他娘的怪了,怕是有什么名堂。
<small>内心独白,音量放低,可适当有嘘声,语速较慢</small>
不过来都来了,不打开看看∨岂不是白走这一遭?没钱买吃的饿死是一死,没钱抽大烟犯了烟瘾憋死∨也是一死,那样还不如让鬼掐死来得痛快,老子这辈子净受窝囊气了,他奶奶的,今天就豁出去了,一条道▲走到黑。

打定了主意,抡起铁锨把埋着棺材下半截的封土挖开,整个棺材∨就呈现在了眼前。胡国华是个大烟鬼,体力很差,挖了点土已经累得喘作一团。∨∨他没急着开棺,坐在地上∨掏出身上带的芙蓉膏∨往鼻子里吸了一点。

大脑受到刺激,神经也亢奋了起来,一咬牙站起身,用铁锨∨撬开了棺材盖子。∨里面的尸体赫然是个美女,面目栩栩如生,只是脸上的粉擦得很厚,两边脸蛋子上用红胭脂抹了两大块,在白粉底子的衬托下∨显得像是贴了两帖红膏药,她身上凤冠霞帔,大红丝绸的吉祥袍,竟然是▲一身新娘子的装扮。

这具女尸绝不是两年前曾经见过的那个大脸盘子女人,而且那个纸人是两年前让他
<small>暗自思忖的语气</small>
来挖墓,过了这么久,就算当时那女尸刚入殓,到这两年之后∨她也该腐烂了呀,▲难不成她变成了僵尸?

但是此时,胡国华早就顾不上那么多了,他的眼睛里只剩下那棺中女尸身上的首饰,这些金银宝石在风灯的光线下诱人的地闪烁着。还有放在她身旁陪葬的那些用红纸包成一筒一筒的银元,并有许多的金条,简直▲数都数不清。

这回可发了大财了,胡国华伸手就去撸女尸手上佩戴的祖母绿宝石戒指,刚把手伸
<small>语速加快</small>
出去,那棺中的女尸∨突然手臂一翻,抓住了他的手腕,力量奇大,钢钩一般的长指甲,有一寸多陷入胡国华手腕上的肉里,挣脱不得。胡国华被她抓得痛彻心扉,又疼又怕,一时∨不知该如何是好。

女尸∨睁开双眼,从二目之中射出两道阴森森的寒光,胡国华被她目光所触,冷得全身打颤,就像掉进了冰窟窿,连呼吸∨都冒出了白气。

(《鬼吹灯之精绝古城》,安徽文艺出版社 2006 年 9 月版)

咳嗽天鹅(节选)

铁凝

朗诵要领:可用中声区,采用播讲样式,要体现出主人公复杂的心理活动和他的茫然与无奈。结尾的处理,应给人留下反思空间。

背景提示:主人公刘富被塑造为有些私心的小民形象,麻木、吝啬,却因为一只天鹅而内心有所波动。这一段是小说的结尾部分。"咳嗽"作为全文主线,将天鹅与人物联系在一起。"咳咳咳……",更像是人物内心声声沉重的叹息。

刘富∨不记得自己是怎么离开天鹅馆的,只记得∨他摔了眼前一个酒杯。当他出了动物园,开了"奇瑞"的车门把车发动着之后,∨才觉出自己的脚趾缝∨一阵阵钝痛,像被长了锈的锯子在割锯。他把头伏在方向盘上,∨闭住眼,眼前立刻是黑铁锅里∨被肢解了的∨白天鹅。刘富的整个脑袋顿时轰鸣起来。他没有想到,这只麻烦了他几个月的天鹅,竟会让他的心有那么大的∨说不出的难受。该怨谁呢,他想不清楚。回到家又怎么向女儿交代呢,他更想不清楚。这时∨从车厢后排座上传出一阵咳、咳、咳的咳嗽声,▲(此处可模仿咳嗽声)刘富心里一惊:这不是我那咳嗽天鹅吗?难道它没有被送进黑锅,▲(倒吸气)它也没有那么衰老,刚才的一切只不过是我做的一个乱梦?他惊着自己,从方向盘上抬起脸,却僵直着脖子∨不敢回头,生怕一回头∨那咳嗽声便永远消失。但咳嗽声没有消失,只是由咳、咳、咳变成了吭、吭、吭,像是忽然∨被人捂住了嘴。刘富小心翼翼地扭转头∨朝后排座(可模仿)看去,他看见了∨歪坐在那里不急不火的∨香改。

刘富如果不在这时往后看,他就真的记不起∨香改还在车上等着他。大半天时间∨他已经把她给忘了,他原本要在离婚前给香改治好咳嗽的。是啊,咳嗽,刘富曾经那么厌恶香改的咳嗽,他也同样不喜欢天鹅的咳嗽。每当女人和鹅同时在院子里咳嗽起来,他就觉得他的生活纷杂、烦乱,很没有成色。▲但是就在刚才,当他听见后排座上突然响起的咳嗽声时,竟意外地∨有了几分失而复得般的踏实感。

刘富发动了"奇瑞"∨一心想要快些离开省城,路上∨他只下了一次车∨给香改买了一套煎饼馃子。香改不挑食,也不抱怨刘富丢她在车上那么长时间,只扎着头吃煎饼馃子。吃了一会儿∨才冷不丁问刘富一句:"哎,你不吃啊?"刘富摇摇头,香改就∨又自顾自地吃起来。唉,这∨就是香改了。刘富叹道。其实香改从来∨就是这样吧?只是他忘了她从来就是这样。∨∨他没有在医院门前停车,也没有征得香改的同意。也许他是想,要是从今往后∨给香改治咳嗽还有的是时间,他又为什么非在今天不可呢?也许他是想,眼下回家∨才最是要紧。他记起今天是∨腊月二十三,年∨已经不远了。

(《北京文学》2009年第3期)

活着(节选)

余华

朗诵要领:播讲这段文字,基调是朴实平和的,人物语言要生动形象,略带表演样式。讲述者声音明亮舒展,气息充足畅通,语气是轻松、饶有兴致和探究的。要注意老人的语言特点:节奏较慢,采用中音区,略带沙哑。同时对人物基调要把握准确,老人看似轻松调侃的语气,却蕴含着对生活和命运的近乎达观的超脱态度。男声演播。

背景提示:如果说整部小说中都充满着一种"死亡"的基调,传递着一个"苦难"的主题,那么在开篇,却是充满温暖的。这段节选是十年前"我"讲述遇到老人的情景,由此引出全篇故事。

我遇到那位∨名叫福贵的老人时,是∨夏天刚刚来到的季节。

那天午后,我走到了一棵有着茂盛树叶的树下,田里的棉花∨已被收起,几个包着头巾的女人∨正将棉秆拔出来,她们不时抖动着屁股∨摔去根须上的泥巴。我摘下草帽,从身后取过毛巾∨擦起脸上的汗水,身旁∨是一口在阳光下泛黄的池塘,我就靠着树干面对池塘坐了下来,紧接着我感到自己要睡觉了,就在青草上躺下来,把草帽盖住脸,枕着背包∨在树荫里∨闭上了眼睛。

这位比现在年轻十岁的我,躺在树叶和草丛中间,睡了∨两个小时。其间∨有几只蚂蚁爬到了我的腿上,我沉睡中的手指∨依然准确地∨将它们弹走。后来∨仿佛是来到了水边,一位老人撑着竹筏在远处响亮地吆喝。我从睡梦里挣脱而出,吆喝声在现实里清晰地传来。我起身后,看到近旁田里一个老人∨正在∨开导一头老牛。

犁田的老牛∨或许已经深感疲倦,它低头伫立在那里,后面∨赤裸着脊背扶犁的老人,对老牛的消极态度∨似乎不满,我听到他嗓音响亮地∨对牛说道:

"做牛∨耕田,做狗∨看家,做和尚化缘,做鸡报晓,做女人织布,▲哪只牛∨不耕田?
_{形象的表演样式,语速缓慢,声音偏后、响亮略沙哑,讲道理的语气转为驱赶和吆喝}
这可是自古∨就有的道理,▲走呀,走呀。"

疲倦的老牛∨听到老人的吆喝后,仿佛知错般地抬起了头,拉着犁∨往前走去。

我看到老人的脊背∨和牛背一样黝黑,两个进入垂暮的生命∨将那块古板的田地耕得∨哗哗翻动,犹如水面上掀起的波浪。

随后,我听到老人粗哑∨却令人感动的嗓音,他唱起了旧日的歌谣,先是口依呀啦呀唱出长长的引子,接着∨出现两句歌词——

皇帝招我做女婿,路远迢迢▲我不去。
<甩调、拖腔>

因为路途遥远,不愿去做皇帝的女婿。老人的自鸣得意∨让我失声而笑。∨可能是牛放慢了脚步,老人又吆喝起来:

"二喜,有庆∨不要偷懒;家珍,凤霞耕得好;苦根也行啊。"
<声浊、气粗,有对象感的嗔怪、鼓励的语气>

一头牛∨竟会有这么多名字？我好奇地走到田边,问走近的老人:

"这牛∨有多少名字？"

老人扶住犁站下来,他将我上下打量一番后∨问:

"你是∨城里人吧？"

"是的。"我点点头。

老人得意起来,"我一眼∨就看出来了。"
<自鸣得意的语气,前面可适当加入笑声>

我说:"这牛∨究竟有多少名字？"

老人回答:"这牛▲叫福贵,就一个名字。"

"可你刚才∨叫了好几个名字。"

"噢——(加入连续的爽朗笑声)"老人高兴地笑起来,他神秘地向我招招手,当我凑过去时,他欲说又止,他看到牛∨正抬着头,就训斥它:

"你别偷听,把头低下。"
<假模假式的训斥语气>

牛∨果然低下了头,这时∨老人悄声对我说:

"我怕它知道∨只有自己在耕田,就多叫出几个名字去骗它,它听到还有别的牛∨也
<虚声、耳语、得意的语气>
在耕田,就不会不高兴,耕田∨也就起劲啦。"

老人黝黑的脸在阳光里∨笑得十分生动,脸上的皱纹∨欢乐地游动着,里面镶满了泥土,就如∨布满田间的小道。

这位老人∨后来和我一起坐在了那棵茂盛的树下,在那个充满阳光的下午,他向我
<要有引申感,引出老人娓娓道来的一生苦难>
∨讲述了自己。

(余华:《活着》,南海出版社 1998 年 5 月版)

我是一只小小鸟(节选)

陈河

朗诵要领:采用播讲样式,注意两段内容语气上的变化,以反映主人公心境的变化。

背景提示:小说描写了少年留学生群体在异国他乡真实的生活内容和精神状态,用年轻生命的悲剧触动了人们很多方面的思考。小说里贯穿始终的那首《我是一只小小鸟》是主人公马红堡在成长中必须经历的无奈与孤单。这段节选是小说的开头,借景抒情,反映主人公的内心变化。

那个深夜,十八岁的马红堡∨坐着从北京到多伦多的飞机,∨即将降落在皮尔逊机场时,贴着机舱玻璃,他看到机翼下的多伦多城的灯光∨像钻石一样璀璨,庞大的城市好像铺了金黄色地毯似的∨闪着亮光。学校有人来接机,是一个高大苍老的黑人,开着一辆老式轿车。车窗外边飞速闪过柠檬黄的路灯灯光,他想∨飞机上看到的金色亮光∨大概就是这些路灯吧?∨∨终于到国外了,马红堡心里∨还有点难以相信这是真的。他坐着黑人驾驶的车子在金色的道路上飞奔,感觉∨像在圣诞老人的麋鹿雪橇上,一路上∨都是奇妙的铃声。

然后∨他到了市中心,看到了许多通体透亮的摩天大楼,看到了∨世界最高的CN电视塔。当天晚上他被安排住在TRAVELOGE旅馆。∨∨次日一早醒来,看到外面下雪了,雪下得很大,大片的雪花不会飘舞,而是像沙子一样沉重地洒下来。马红堡的家乡那边∨天气也很冷,但是气候干燥,雨雪量很少。马红堡发现∨这里的雪∨下得太紧张了,让人感到喘不过气来。马路边∨堆成小山一样的雪堆混杂着泥浆,呈现着灰黑色。这些黑色的雪∨让他的心情∨一下子变得低落,▲甚至还有点∨恐慌。

(《小说选刊》2010年03期)

凡卡(节选)

契诃夫

朗诵要领:这是一个关于孩子的故事,采用中高音区表现,文章基调是悲伤的。朗读中,要仔细揣摩人物的内心世界,把回忆的"乐"与现实的"苦"的对比在语气和节奏的变化中体现出来。作为一篇国外译作,演播时注意"洋味"的体现。

背景提示:小说通过凡卡给爷爷写信这件事,反映了沙皇统治下俄国社会中穷苦儿童的悲惨命运,揭露了当时社会制度的黑暗。凡卡写的不是一封普通的信,分明是一封救命的信!

九岁的凡卡·茹科夫,三个月前∨给送到鞋匠阿里亚希涅那儿做学徒。圣诞节前夜,他没躺下睡觉。等老板、老板娘和几个伙计到教堂做礼拜去了,就从老板的立柜里∨拿出一小瓶墨水,一支笔尖生了锈的钢笔,摩平一张揉皱了的白纸,∨写起信来。

在写第一个字以前,他担心地∨朝门口和窗户看了几眼,又斜着眼看了一下那个昏暗的神像,神像两边是两排架子,架子上摆满了楦头。∨∨他叹了一口气,跪在作台前边,把那张纸铺在作台上。

"亲爱的爷爷∨康司坦丁·玛卡里奇,"他写道,"我在给您写信。祝您过一个快乐的<small>语速缓慢、童声,咬字较靠前、清脆,气息采取高声位;真诚的祝福及略带恳求的语气</small>圣诞节,求上帝保佑您。我没爹没娘,只有您∨一个亲人了。"

凡卡∨朝黑糊糊的窗户看看,玻璃窗上映出蜡烛的模糊的影子;他想象着他爷爷康司坦丁·玛卡里奇,好像爷爷∨就在眼前。// ——爷爷是日发略维夫老爷家里的守夜<small>略显轻快的节奏</small>人。他是个非常有趣的瘦小的老头儿,65岁,老是笑眯眯地眨着眼睛。白天,他总是在大厨房里睡觉。到晚上,他就穿上宽大的羊皮袄,敲着梆子,在别墅的周围∨走来走去。老母狗卡希旦卡∨和公狗泥鳅∨低着头跟在他后头。泥鳅∨是一条非常听话∨非常讨人喜欢的狗。它身子是黑的,像黄鼠狼那样长长的,所以叫它泥鳅。

现在,爷爷一定站在大门口,眯缝着眼睛看那乡村教堂的红亮的窗户。他一定在跺着穿着高筒毡靴的脚,他的梆子挂在腰带上,他冻得缩成一团,耸着肩膀……

天气真好,晴朗,一丝风也没有,干冷干冷的。那是个没有月亮的夜晚,可是整个村子——白房顶啦,烟囱里冒出来的一缕缕的烟啦,披着浓霜一身银白的树木啦,雪堆啦,▲全都看得见。天空撒满了快活地∨眨着眼的星星,天河显得很清楚,仿佛为了过节,有人拿雪∨把它擦亮了似的……//

凡卡叹了口气,蘸了蘸笔尖,接着写下去。
<small>转换语气,体现段落感</small>

"昨天晚上∨我挨了一顿打,因为我给他们的小崽子摇摇篮的时候,不知不觉睡着<small>委屈的、悲伤的、哀求的语气,后面可略带哭腔和抽泣</small>了。老板揪着我的头发,把我拖到院子里,拿皮带揍了我一顿。∨∨这个礼拜,老板娘叫我收拾一条青鱼,我从尾巴上弄起,她就捞起那条青鱼,拿鱼嘴直戳我的脸。∨∨伙计们捉弄我,他们打发我上酒店去打酒,他们叫我偷老板的黄瓜,老板随手捞起个家伙就打我。∨∨吃的呢,简直没有。早晨吃一点儿面包,午饭是稀粥,晚上又是一点儿面包。至于∨菜啦,茶啦,只有老板自己才大吃大喝。∨∨他们叫我睡在过道里,他们的小崽子一

哭,我就别想睡觉,只好摇那个摇篮。∨∨亲爱的爷爷,发发慈悲吧,带我离开这儿回家,回到我们村子里去吧!我再也受不住了!……我给您跪下了,我会永远为您祷告上帝。带我离开这儿吧,要不,▲我就要死了!……"

凡卡撇撇嘴,拿脏手背∨揉揉眼睛,抽噎了一下。

(《契诃夫短篇小说选》,人民文学出版社2002年6月版)

乔家大院(节选)

朱秀海

朗诵要领:演播的重点在乔致庸与山西总督哈芬争辩的一段话上,要求逻辑关系清楚,语气要符合人物性格。

背景提示:小说讲述的是作为"晋商"的一个杰出代表、山西祁县乔家堡著名商家乔家的第三代传人——乔致庸一生的传奇故事。这段节选,乔致庸初出茅庐却一鸣惊人,虽年少轻狂却充满智慧。

由于南方战乱,太平军阻断长江,山西境内以茶为生的茶民∨和以织绸贩绸为生的织户∨流离失所,涌满了太原府的大街小巷。赴试那天拂晓,由于灾民挡路,致庸与茂才赶到时∨已经晚了,山西贡院的龙口∨就要关闭。

为了让茂才进入贡院,少年轻狂的致庸∨同山西总督哈芬∨发生了冲突。哈芬认为山西人重商轻儒,山西的民风∨都被山西的商人败坏了。致庸心中不快,与之大声争辩道:"天下四行,士农工商,圣人有云,无农不稳,无商不富,圣人也没说过∨重商之风败坏
_{逻辑层次分明,以理服人的语气;语速适中,不宜过快;音色明亮舒展,气息充足畅通}
民风;/其二,我中国∨地大物博,南方北方,出产不同,商旅不行,货∨不能通南北,物不能尽其用,民不能得其利。民无利▲则不富,民不富则国无税,国无税则兵不强,兵不强▲则天下危;/其三,立国之本,在于赋税,全国赋税,农占其七,商占其三,就全国商人言,山西一省商人又占三分之一。商人行商纳税,乃是强国固本的大事。▲照哈大人的意思,莫非山西商人全部歇业,不给国家纳税,▲才是好事?"

哈芬变色喝道:"你……大胆!"众随从发一声喊,要将致庸从贡院叉出去。钦差大
_{气粗声重}
臣、署理山西学政胡沅浦胡大人∨却对说出这样一番言论的致庸∨刮目相看,喝令住手,让致庸和茂才进去应试。代表太谷商家出席乡试开闱仪式的陆大可∨对这位敢于为山西商人正名的秀才∨十分欣赏,而他的聪明女儿陆玉菡∨一眼就看出了他的心思:

"爹,你是不是又为自个儿∨相中了一个女婿?"
年轻女性,气息柔和,咬字较软,声音圆润,真声为基础,切忌用虚声尖嗓

(朱秀海:《乔家大院》,上海辞书出版社 2005 年 12 月版)

穆斯林的葬礼(节选)
霍达

朗诵要领:演播时要把握人物性格基调,紧张、激烈的节奏,语气分量较重,突出轻重缓急节奏的交替变化。

背景提示:小说讲述了一个穆斯林玉人之家三代人的悲欢际遇。这段节选重点表现的是玉器行的第一代主人梁亦清。他不仅仅是个清贫匠人,还是一个从玉器制作艺术中寻求精神满足和价值实现的人,这一形象既真实可信又充满了理想的光辉。

坨子∨又转动起来,梁亦清此时完全忘却了自我,把他的命、他的心▲都和宝船、和郑和融为一体了。那宝船上的风帆∨鼓涨起来,旌旗∨漫卷起来,舵工、水手呼喊起来,浑厚深远的号子∨和汹涌澎湃的风浪声∨在琢玉坊中震天撼地地响起来,三保太监郑和∨站在船头,魁伟的身躯随着风浪的颠簸而沉浮,双目炯炯望着前方,随时监视着前途中的∨不测风云……//
_{转换语气}

突然,这一切∨都在刹那间停止了,梁亦清两手一松,身躯无力地倒了下去,压在由于惯性还在转动的坨子上……"师傅!师傅!"韩子奇像在梦中看见了天塌地陷,灵魂都
_{惊呼、哭声}
被惊飞了,他呼喊着扑倒在地,扶起四肢松软的师傅……

梁亦清在徒弟的怀抱中吃力地睁开了双眼。"宝船,宝船!"他气力微弱地呼叫着。
_{气弱、声虚}
在这一瞬,他的眼睛是清亮的,炯炯有神,他在搜索那生命与心血化成的目标!当那双眼睛接触到宝船时,他的一双晶亮的瞳孔立即像燃烧的流星,迸射出爆裂的光焰,随即▲熄灭了……

宝船!在渡过漫长的航程即将到达彼岸的时刻,宝船▲遭到了意外的灭顶之灾!三保太监郑和遥指远方的右臂▲被摔断了!这是《郑和航海图》中至关紧要的一笔,整座玉雕的核心部位,七下西洋的方向所指,▲一臂断裂,前功尽弃,即使丘处机、陆子冈再世▲也无可挽救了!

"啊!"梁亦清∨发出一声撕裂肺腑的惨叫,一口鲜血飞溅出来,染红了∨那雪白的宝船!生命▲在迅雷不及掩耳的一瞬中▲结束了,他倒在那残破的宝船上,滚热的鲜血∨
_{语速加快}

把琢玉人∨和碎玉∨连成一体!

"师傅,师傅啊!"韩子奇疯狂地扑到师傅身上,琢玉坊中回荡着凄厉的呼唤。//

<u>哭喊,悲痛欲绝的</u>

梁亦清∨僵卧在他耗尽了生命的水凳儿前,无声无息地告别了他为之奋斗的事业。

<u>转换语气</u>

遗憾的是,这事业∨终于没有能够完成,出师未捷身先死,他和他的宝船∨同归于尽了!他的粗糙的双手∨紧紧抱着那艘未曾问世就已损毁的宝船,一双血红的眼睛∨定定地圆睁着,大张着嘴,仿佛在呼喊:真主啊,再给我时间!

月光下,静静的小院纷乱起来……

(霍达:《穆斯林的葬礼》,北京出版社1988年版)

一生太长了(节选)

张洁

朗诵要领:中低声区,可采用思索的、独白的语气,节奏舒缓。

背景提示:这段节选是全篇小说的开篇,提示了小说所具有的哲思意蕴,也设定了小说的叙述语态。小说通篇都由这匹狼的内心感受、思绪、冥想与独白构成。这是一匹忧郁且颇具"哲学"气质的狼,有着一个渴望自由、向往流浪的灵魂。

作为一只狼,我真不该∨没完没了地琢磨这个问题:这条河是从哪里来的?

如果老执著在这个问题上,紧接着就会想:它往哪里去?

世界上有很多问题,其实是永远不可能找到答案的。如果不明白这一点,即便作为一只狼,也会使自己的一生∨充满烦恼。

可我∨偏偏就是这样一只∨十分明白▲却又执迷不悟的狼。

不论谁,在他的一生中,总得有一处可以随心所欲说话的地方,有一个∨可以随心所欲说话的对象。▲是不是?

尽管狼的一生并不长久,不过十几年的样子。但在这个∨从来不易施舍的世界上,如果找不到这样一个对象或去处,那一生的日子就会显得∨太长、太长了。

不过我觉得,一个可以随心所欲说话的对象,无论如何也比不上∨一处可以随心所欲说话的地方。

应该说,作为一只狼,我是幸运的。在这深山老林里,能遇到这么一条苍茫的大河。我不知道这个世界上还有什么东西∨可以属于我,也不知道其他的狼∨各自拥有什么,然而我知道∨这条河▲是属于我的,仅仅∨属于我。

河流喧哗▲而沉默。//

每当我带领我们那个 狼群,沿着这条河流寻觅食物的时候,都会向它∨投上一瞥,
_{转换语气,体现段落感}
并会不由自主地想:是谁∨把大地山峦劈开,给这河流让出了如此宽阔的通道,使它可以翻山越岭,无阻无拦地∨去它想去的地方,而我▲却得死守在我们这个狼群的领地上?

而当我独自沿着这条河,巡查我们这个狼群的领地时,我便会停下匆忙的脚步,久久地∨蹲坐在岸上,看它无羁无绊、浩浩荡荡潇洒地远去,总觉得它会把我那些∨颠三倒四、不是一只狼所应该有的思绪带走,▲带走……

至于带到哪里,▲并不重要。

当我默默地看着我那颠三倒四的思绪∨和我对它说的那些昏话∨随水而去的时候,我那总在躁动不安的心,至少有那么一会儿∨能踏实下来。

(《人民文学》2009 年 11 期)

桃花渡(节选)

叶弥

朗诵要领:基调放松和随意,有散文的神韵;可采用中声区,轻柔、舒缓的语气节奏。女声朗诵。

背景提示:这是一篇节奏舒缓的短篇小说。故事很简单,一个心灰意冷的"80 后"女人,由于一面之缘爱上一个僧人,她为再次来临的爱情感动了。这段节选就是"我"遇到僧人的时刻。

我∨是一个享乐主义者。风,花,雪,月;雨声,读书声,诵经声;一杯喜欢的酒,一道精美的小菜,一支不俗的香水;一个暧昧的眼神,一个漂亮的手势,一句动人的话,一份笑容……▲都能让我∨享受到此中的快乐。而世上所有让我喜欢的事物中,最爱的∨是爱情。

但这是以前的事——▲很多年以前的事。

我已有多少年感受不到爱情给我带来的愉悦了。我现在只喜欢动物和植物,只有它们∨才让我永久地感动。

我坐在路沿上,看着湖里的那只船摇近,我看见∨那个坐在船头的人∨是一个僧人,穿一件肩膀上打着深色补丁的旧僧衣。

湖中间的岛∨是清云岛,岛上有一座清云寺,为明朝一位禅宗大师所建。这么晚了,这位僧人出岛∨是有原因的。也许是到岸上的寺院里∨去参加延生大会,也许是到刚有

人逝去的人家∨去念往生咒……∨∨也许以上的理由都是一个空相,真实的原因是∨佛▲指引着他,去拯救一个∨坐在路沿上的∨情感已经麻木的女人。

僧人跳下船。

我的目光随着他移动。

这么热的天,他规规矩矩地垂着袖子。我见过许多僧人,天一热∨就把袖子挽上去露出胳膊。他看来∨是一个严谨律己的人。他走过我埋小玫瑰的树下,停下脚,非常专注地看着松动的泥土。我坐在他经过的路边,他没有发现我的目光。一辆公交车驶过来,他上了车。//

我回家了,我的心中∨荡漾着淡淡的愉悦之感,因为我▲又会爱人了。每当心中产
<u>转换语气</u>
生爱情的时候,我会爱所有的一切。

(《小说选刊》2009 年 05 期)

刮奖券

程应峰

朗诵要领:这是一篇充满讽刺意味的微型小说。讲述的语气,语速适中。其中人物语言的情绪变化是出彩的亮点。

张石头那台傻瓜相机中的胶卷没了,他去商场买胶卷。商场正在搞有奖销售活动,顾客买商品满 50 元∨就可以领到一张刮奖券。张石头买了 3 个胶卷,领到了一张刮奖券。刮开一看,▲呵!运气不错,是个三等奖。

销售员笑着说:"你真幸运,一下就摸到了一台品牌电脑……"
<u>话没说完被打断</u>

张石头没等销售员说完,就喜不自禁地欢呼起来:"什么?品牌电脑?太棒了!"
<u>惊喜的语气</u>

销售员笑了:"你听我说完么,是品牌电脑——用的光电鼠标。"说着,把一个光电鼠
<u>适当加入笑声</u>
标递到他的手中。

张石头有点不好意思:"啊——是这个呀……▲这个也不错,不过∨我还没电脑呢。"
<u>尴尬的语气</u>

销售员连忙说:"那你买啊,现在正是时机,买了电脑还有机会摸奖。再说∨你已经
<u>语速快,推销的热情语气</u>
有了一个鼠标,不买电脑就浪费了,我们可以给你免掉鼠标的钱。"

张石头听她说得有道理,心想∨早买晚买都得买,不如趁现在……于是说:"那就看看吧。"
<u>跃跃欲试的语气</u>

销售员带张石头到电脑售货处,很热情地对各种型号的电脑一一作了介绍。张石头被她说动了,就给老婆打电话,让她拿钱来。不一会儿,老婆将钱送到了张石头的手中。付账后,他们∨又拿到了一沓刮奖券。

这次,张石头主动把刮奖的重任交给老婆。老婆刮了几张,竟然刮出个二等奖:奖品是一块佳能数码相机的充电电池。

张石头老婆早就想要一台数码相机,她拿着电池在那儿自言自语:"数码相机,数码……老公,怎么样啊?"

张石头一愣,说:"什么怎么样啊?"

老婆甜柔地说:"买数码相机呀!"
（撒娇的语气）

张石头说:"我们不是∨有一个傻瓜相机了吗?再说∨才买了电脑……"
（为难的语气）

老婆不满地说:"兴你买,就不兴我买呀!"
（生气、埋怨的语气）

销售员不失时机地在一旁说:"对呀,你们有了电池,不买数码相机的话,就浪费了。"
（怂恿的语气）

张石头被她们左右夹攻,抵挡不住,只得同意老婆的主张。这样,张石头手中∨又多了一沓奖券。他想,管它呢,刮了再说。

刮奖时,张石头又刮出了奖,奖品是一瓶车用香水。

只见张石头∨愣了5秒钟,然后"嗷"地叫了一声,▲扔下奖券,撒腿∨就跑……

(《小说选刊》2009年05期)

一日三餐(节选)

常 芳

朗诵要领:全部故事都在这样一个清晨展开,播讲时可用中声区,调动自己所有的感官,视觉、味觉、嗅觉……声音自然、有情、流畅、平稳。平实却积极乐观的基调,韵味悠长。适合女声。

背景提示:小说以济南的城市生活为背景,写了一对下岗夫妻的日常生活。

马路上∨洒水车刚洒过了水,空气里漂浮着一股雨后淡淡的泥腥味。那些泥土的味道∨在清晨的微风里荡漾着∨荡漾着,就和路边树上一些青翠叶子散出来的气息凝结在了一起,变成了一丝一丝的甘洌,随着留香的呼吸∨进入了她的身体里。她喜欢清晨的这种神清气爽,风,树木,马路,路边的楼房,甚至路上的车辆和行人,一切▲都好像是在清凉的小河里∨漂洗过了。

　　留香愉快地蹬着自行车,看着马路上稀稀疏疏的车辆和行人,看着在清晨∨要比其他时候里显得宽阔许多的马路,心里又轻轻地哼起了一段舞曲。从去教人跳舞开始,只要是走在去跳舞的路上,留香总是要这样在心里哼上一段舞曲的。留香不仅自己哼,还告诉那些跟着她学跳舞的女人:"只要哼起了舞曲,心里就什么烦恼∨都不会有了。"

(《小说选刊》2009 年 05 期)

平凡的世界(节选)
路遥

　　朗诵要领:叙述的语气,中声区,声音自然、平稳。文中"她"、"他"在播讲中可用主人公的名字替代,以便听众更清楚明了。

　　背景提示:小说主人公是一个依靠双手和头脑改变命运的农民青年,一个是城里受过高等教育的高干子弟。长篇小说《平凡的世界》中,孙少平和田晓霞两位主人公的爱情是单纯美好的,他们排除了世俗阻碍的力量真心相爱,他们的故事感动了无数读者。

　　孙少平和田晓霞∨气喘吁吁爬上南山,来到那个青草铺地的平台上。地畔上的小森林像一道绿色的幕帐,∨把他们和对面的矿区∨隔成了两个世界。

　　他们坐在草地上后,心∨仍然在"咚咚"地跳着,这样的经历对他们来说,已经不是第一回。在黄原的时候,他们就不只一次登上过麻雀山和古塔山。正是古塔山后面的树丛中,她给他讲述热妮娅·鲁勉采娃的故事。也正是那次,他们在鲜花盛开的草地上,第一次拥抱▲并亲吻了对方。∨∨如今,在异乡的另一块青草地上,他们又坐在了一起。内心的激动感受一时无法用语言表述。时光流逝,生活变迁,但美好的情感∨一如既往。

　　他粗壮的矿工的胳膊∨搭上了她的肩头。她的手摸索着抓住了他的另一只手。情感的交流不需要过多的语言。沉默▲是最丰富的表述。

　　沉默。

　　血液∨在热情中燃烧。目光迸射出爱恋的火花。

　　我们不由想起当初的伊甸园和其间偷吃了禁果后的∨亚当与夏娃(上帝! 幸亏他们犯了那个美好的错误……)。

　　没有爱情,人的生活就不堪设想。爱情啊! 它使荒芜变为繁荣,平庸变为伟大;使死去的复活,活着的闪闪发光。即便爱情是不尽的煎熬,不尽的折磨,像冰霜般严厉,烈火般烤灼,▲但爱情对心理和身体健康的男女∨永远是那样的自然;同时又永远让我们感到新奇、神秘和不可思议……∨∨当然,我们和这里拥抱的他们自己∨都深知,他们毕竟不是伊甸园里上帝平等的子民。

她∨来自繁华的都市,职业如同鼓号般响亮,身上飘溢着芳香,散发出∨现代生活优越的气息。

他,千百普通矿工中的一员,生活中极其平凡的角色,几小时前∨刚从黑咕隆咚的地下钻出来,身上带着洗不净的煤尘∨和汗臭味。

他们看起来是这样的∨格格不入。但是,他们拥抱在一起。

直到现在,孙少平仍然难以相信田晓霞∨就在他怀里。说实话,从黄原他们分手后,他就无法想象他们再一次相会将是何种情景。尤其到大牙湾后,井下生活的严酷性更使他感到∨他和她相距∨有多么遥远。他爱她,但他和她将不可能在一块生活——这▲就是问题的全部结症!

可是,现在她来了。

可是,纵使她来了,并且此刻她就在他的怀抱里,而那个使他痛苦的"结症"▲就随之消失了吗?

没有。此时,在他内心汹涌澎湃的热浪下面,不时有冰凉的潜流▲湍湍而过。

但是,无论如何,眼下也许不应该和她谈论这种事。这一片刻的温暖对他是多么宝贵;他要全身心地▲沉浸于其中……

(路遥:《平凡的世界》,中国文联出版公司 1989 年 10 月版)

"宽心面"

厉剑童

朗诵要领:讲述的语气。注意人物语言的声音造型,应形神兼备。

背景提示:这篇微型小说讲述了年逾七旬的八奶奶,用智慧和胆量,做出有毒的宽心面消灭日本鬼子的的故事。

1942 年冬天的一天。

上午,一小队全副武装的鬼子兵∨从据点出来,端着明晃晃的刺刀,气势汹汹地开进了龙头村。

鬼子这次来的目的是要找一个会擀面条的人∨给酷爱中国文化的藤野司令官擀面。通过翻译,村保明白了鬼子的意思,便忙不迭地把四婶子叫来。四婶子擀面在村里是一绝,四婶子的这手绝活∨是从八奶奶那儿学来的。

第二天早晨,四婶子∨被两个鬼子和翻译官拖着回来了。村里人都惊呆了,四婶子遍体鳞伤,已经昏死过去。原来∨四婶子使出全身解数,给鬼子擀了三碗又细又软的面条。藤野一看立即暴跳如雷,在他的头脑里,面条又细又软,象征着大日本帝国以后的路越走越窄,皇军软不拉叽。藤野立即下令把四婶子暴打一顿……同时,限保长在一天之内,另找一个擀面高手,否则▲把全村妇女统统杀死。

眼看离交差时间只有半个时辰了,还没有一个妇女愿意去。鬼子将全村男女老少集中到村后的一个空场上,前面架着一挺重机枪。一个鬼子上前,一把抓住一个妇女,当胸就刺了一刀。又拉出一个孕妇,朝她的小腹狠踢一脚……▲鲜血▲顿时染红了脚下的白雪。

保长战战兢兢,正想随便抓一个交差。这时,年过七旬的八奶奶拨开众人,颤颤巍巍地从人群里走出来,一字一顿地说:"狗崽子,不要再为难乡亲们,我去!"
<u>气虚,语速缓慢,声音偏低但坚定、暗含恨意</u>

八奶奶用了不到一炷香的工夫,就做好了三大碗宽心面。藤野看着碗里又宽又硬的面条,顿时喜上眉梢:"要西,要西,你的良心的∨大大的好,日本的路宽宽的,日本的军队硬硬的,大日本天皇的放心宽心。面的,我的大大的喜欢!"

藤野夸赞着,端起一碗面,曲溜曲溜,狼吞虎咽,几分钟工夫,一碗面条∨便落了肚。藤野说,你的∨擀多多的面,多多的。八奶奶扬扬手中的擀面杖说:"这个小,擀不出来,要大的擀面杖才能擀出来。"藤野对保长说:"你的∨去找长长的擀面杖。"八奶奶说:"不用找∨我家里有,我回去取。"//

又一场大雪∨整整下了一天一夜,藤野让八奶奶整整做了一天一夜的宽心面。藤野
<u>转换语气,体现段落感</u>
计划偷袭八路军的一个秘密联络处,阵前∨用宽心面犒赏士兵。

早晨,鬼子据点里的一块雪地上∨摆满了几十碗宽心面。一旁站满了全副武装的鬼子兵。那又宽又白的面条∨在白雪的映衬下让人垂涎欲滴。藤野看着八奶奶麻利地一碗一碗浇好汁,就把手一挥,鬼子们早已等不及了,蜂拥而上……

八奶奶站在一边,脸上∨闪过一丝不易察觉的微笑。

鬼子哪里会知道,早晨四婶子被拖回来的那一刻,八奶奶就已拿定了主意要给鬼子擀面。早年开药铺的她∨悄悄将一根长长的擀面杖∨用剧毒浸泡了两个时辰……//

几十年后,在抗日纪念馆的陈列室里∨放着一根米半长的擀面杖。擀面杖旁边的纸片上∨记载着这样一段文字:1942年冬,龙头村西的一个鬼子据点里,40多名鬼子∨被人毒死在大院里,厚厚的雪地里∨丢弃着一根栗子皮色的▲擀面杖……

(《小说选刊》2009年06期)

翻浆的心
毕淑敏

朗诵要领：把握清楚故事情节的发展脉络是表达的重点。节奏紧张，语句间的表达要紧凑。作者在文中运用了大量的修辞手法，其中对搭车人的比喻在表达中不容忽视。适合女声表达。

背景提示：这篇微型小说，充满悬疑色彩。司机和搭车人"斗智斗勇"，主人公"我"无助的、无比紧张地"观战"……很刺激，很过瘾。意料之外的结尾，除了向我们揭晓真相，还让我们收获了长久的震撼与感动：所谓的"小偷"，其实是一个无比善良、朴实、孝顺的青年。

那年，我五一放假回家，搭了一辆地方上运送旧轮胎的货车，颠簸了一天，夜幕降临∨才进入离家百来里的戈壁。正是春天，道路翻浆。

突然∨在无边的沉寂当中，立起一根"土柱"，遮挡了银色的车灯。

"你找死吗？你！你个兔崽子！"司机破口大骂。（粗野的、气愤的语气）

我这才看清∨是个青年，穿着一件黄色旧大衣，拎着一个系着鬃绳的袋子。

"我不是找死，我要搭车，我得回家。""不带！你没长眼睛吗？驾驶室里已经有人了，哪有你的地方！"司机愤愤地说。（老实的、焦急的语气）

"我没想坐驾驶室，我蹲大厢板就行。"司机还是说："不带！这样的天，你蹲大厢板，会生生冻死！"说着，踩了油门，准备闪过他往前开。

那个人抱住车灯说："就在那儿……我母亲病了……我到场部好不容易借到点小米……我母亲想吃……"（气短、声促、心焦，声音断断续续）∨"让他上车吧！"我有些同情地说。

他立即抱着口袋往车厢上爬，"谢谢谢……谢……"最后一个"谢"字∨已是从轮胎缝隙里发出来的。//

夜风∨在车窗外凄厉地鸣叫。司机说："我有一个同事，是个很棒的师傅。一天，他的车突然消失了，很长时间没有踪影。后来才知道，原来是有个青年化装成一个可怜的人，拦了他的车，上车以后把他杀死，甩在沙漠上，自己把车开跑了。直到案发，我们才知道真相。从此我们车队里的司机∨绝不敢搭不认识的人上车，特别是年轻人上车。你∨是我的老乡说了许多好话，我才破例的。"

我立刻心里一沉，我找到司机身后的一个小洞，屏住气∨向外窥探。

朦胧的月色中,那个青年如一团肮脏的雾,抱着头,龟缩在起伏的轮胎里。每一次颠簸,他都像遗弃的篮球,被橡胶轮胎击打得嘭嘭作响。

"他好像有点冷。别的∨就看不出什么了。"我说。

"再仔细瞅瞅。我好像觉得他要干什么。"

这一次,我看到搭车人敏捷地跳到两个大轮胎之间,手脚麻利地搬动着我的提包。那里装着我带给父母的全部礼物。"哎呀,他偷我东西呢!"
_{低声惊叫}

司机很冷静地说:"怎么样?我说得不错吧。""然后会怎么样呢?"我带着哭音说。"你也别太难过了。我有个法子试一试。"只见他狠踩油门,车就像被横刺了一刀的烈马,疯狂地弹射出去。我顺着小洞看去,∨∨那人仿佛被冻僵了,弓着腰抱着头,石像般凝立着,企图凭借冰冷的橡胶御寒。我的提包虽已被挪了地方,但依旧完整。

我把所见同司机讲了,他笑了,说:"这就对了,他偷了东西,原本是要跳车的,现在车速这么快,他若跳下就是找死。他不敢动了。"

路面变得更加难走,车速减慢了。

我不知如何是好,紧张地盯着那个小洞。青年也觉察了速度的变化,不失时机地站起身,重新搬动我的提包。

我痛苦地几乎大叫,就在这时,司机趁着车的趔趄,索性加大了摇晃的频率,车身剧烈倾斜,车窗∨几乎吻到路旁的沙砾。

再看那人,他仆倒在地,像一团被人践踏的麦草,虚弱∨但仍不失张牙舞爪的姿势,贪婪地紧拽着我的提包——他的猎物。

司机继续做着高难动作。我又去看那个人,他像夏日里一条疲倦的狗,无助地躺在了轮胎中央。

道路毫无先兆地平滑起来,翻浆∨也消失得无影无踪。司机说:"扶好你的脑袋。"

我一时没明白过来,但司机凶狠的眼神启发了我。就在他的右脚残忍地踩下去之前,我采取了最紧急的自救措施:双腿紧紧抵地,双腕死撑面前的铁板,整个身体绷得如原始森林里最古老最强韧的硬木……

不用看我也知道,那个青年,在这突如其来的急刹车面前,可能要被卸成零件。"怎么样?最低▲他也是个脑震荡。看他还有没有劲偷别人的东西?"司机踌躇满志地说。

我想到贼娃子一下子伤了元气,一时半会儿∨可能不会再打我的提包的主意了,心里安宁了许多。只见那个青年∨艰难地在轮胎缝里爬,不时还用手抹一下脸,把一种我看不清颜色的液体弹开……他把我的提包∨紧紧地抱在怀里,往手上哈着气,摆弄着拉锁上的提梁。这时，他扎在小米口袋上的绳子，已经解开，就等着把我提包里的东西搬进去呢……

"师傅，他……他还在偷，就要把我的东西拿走了……"我惊恐万状地说。"是吗?"师傅这次反倒不慌不忙，嘴角甚至显出隐隐的笑意。

"到了。"司机干巴巴地说。我们到了兵站了，这是我们今天晚上的宿营地，也是离那个贼娃子住的村∨最近的公路。他家那儿是根本不通车的，至少∨还要往沙漠腹地里走10公里……司机打亮了驾驶室里的大灯，说："现在不会出什么事了。"

那个青年挽着他的口袋，像个木偶似的往下爬，狼狈地踩着轱辘跌下来，跪坐在地上。不过才个把时辰的车程，他脸上除了原有的土黄之外，还平添了青光，额上∨还有蜿蜒的血迹。

"学学啦……学学……"他的舌头冻僵了，把"谢"说成了"学"。
<small>气息微弱、口腔松软、声平、无起伏</small>
我们微笑地看着他，不停地点头。

他说："学学你们∨把车开得∨这样快，我知道∨你们是为我在赶路，怕我的母亲∨喝不上小米粥，现在∨到天亮前，我∨赶得到家了……学学……"他抹一把下颌，擦掉的∨不知是眼泪、鼻涕▲还是血。

司机一字一顿地说："甭啰唆了，拿好你的东西，回家吧!"

他点点头，恋恋不舍地离开了我们。

看着他蹒跚的身影，我不由自主地喝了一声："你停下!"

"我要查查我的东西少了没有。"我很严正地对他说。

司机赞许地冲我眨眨眼睛。

青年迷惘地面对我们，脖子柔软地耷拉下来，不堪重负的样子。我爬上大厢板，动作是从未有过的敏捷。我看到了我的提包，它像一个胖胖的婴儿，安适地躺在黝黑的轮胎之中。我不放心地摸索着它，每一环拉锁都像小兽的牙齿般细密结实。

突然∨触到鬃毛样的粗糙，我意识到∨这正是搭车人袋子上那截失踪的鬃绳。它把我的提包牢牢地固定在大厢的木条上，像焊住一般结实。

我的心像凌空遭遇寒流，冻得▲皱缩起来。

(《微型小说选刊》2009 年 17 期)

大染坊(节选)

陈杰

朗诵要领:这段节选涵盖四个场景,也主要表现了四个人物。播讲时,要通过人物语言的塑造使其性格鲜明,注意在语气、声音形式、气息状态等方面的变化,以区分四个人物形象。适合男声播讲。

背景提示:小说讲述了一代民族企业家实业救国理想的萌生和覆灭。主人公陈寿亭(陈六子)从一个垂死街头的叫花子历尽艰辛成长为中国名震一方的实业家,其传奇经历和勇敢精神更是令人敬佩、发人深省。

六合的周经理又谈了山东市场的情况,宏巨和三元的印花布Ｖ已经在市场上面世,而且效果不错。林祥荣咬牙切齿地说:"人都讲究出身,这陈六子虽有一点钱,但他是骨子里穷,把一分钱看得很重。他现在通过东初Ｖ给我传信,说可以来拉布,他是怕我报复他。我就让他慢慢地等。这个姓陈的,我要把他▲挤出印染界,让他重新去讨饭!"众人Ｖ哄堂大笑。
<small>牙关紧咬,气息阻塞,忌恨、鄙夷的语气;可以略带上海口音。</small>
<small>咬字靠前,声音偏高声位,体现人物的心胸狭窄、刚愎自用</small>

济南宏巨染厂。寿亭Ｖ在办公室里抽烟,皱着眉头走来走去。吴先生向他汇报了上海六合降价的事情。寿亭沉思:"他这是搂草打兔子,既弄垮了开埠,又捎带上咱们!"吴先生又说了一个不好的消息,孙明祖在青岛,让腾井弄得没有办法了,要把厂子卖给他。寿亭让老吴给他出招,不能低于二十五万元,否则就宁可卖给上海林家。卖了厂后,就让明祖来济南共商大计。老吴建议Ｖ鉴于目前情况,应该把机器停一停,把技工的工资降下来。寿亭摇摇头说:"咱们目前还有腾井的那一船布保底,还说不上亏,那些技工Ｖ咱降了人家工钱,兴许就回了上海,但林家肯定也不会用他们了。咱这是坑了人家!再说,万一花布的市场再好了,咱再请人家,可请不来。ＶＶ好!我就来个Ｖ'破了头用扇子扇',让姓林的小子摸不着边!"//
<small>思索的语气,声低、气沉</small>
<small>中肯的、实在的语气。体现出陈寿亭的善良、对工人的体恤</small>
<small>下决心的语气,略带霸气和狠劲</small>

晚上,东俊Ｖ在家里喝闷酒,太太把孩子轰到了西屋,不高兴地说:"别喝了,这花布卖得不好,咱卖染布,还犯什么愁呀!"东俊笑笑无语。这时,东初走了进来,兄弟二人推杯换盏,各怀心事。东初喝完酒说:"大哥,咱停了印花机,寿亭可没停,现在六哥正在和
<small>转换语气,体现段落感</small>
<small>音色较明亮,仗义的语气</small>

林祥荣拼命,咱们可不能坐山观虎斗呀!"东俊说:"拼吧,咱这是▲以静制动,别人的事情
_{语速稍慢,中下音区,明哲保身的语气}
不要管,管好自家事就不错了。寿亭的情分▲我记着呢。"东初冷冷一笑,转身就走。出
来的时候,气呼呼地对大嫂说:"大嫂,等哪天我掉到了井里,告诉我哥,别救我,免得湿了
他的衣服!"//

　　东初回到家后,越想越生气,太太过来劝他别生气:"要我说,大哥的作法也没错,六
_{转换语气,体现段落感}
哥没把咱当对手,是知道咱们根本不是他的对手,碍不了他的事。"东初大惊:"说下去。"
太太又说:"但是大哥的思想∨的确落伍了,我看,咱要分出来∨入股别的染厂。"东初说:
"六哥的盘子太大,咱那点钱放进去,也不顶事。"太太鼓足了勇气说:"那咱就▲入了訾家
_{提口气、泄出,下决心的语气}
的厂吧。"东初像被蜇了一下,怒吼道:"放屁!这个家你要不想待,马上就滚!"∨∨太太
_{气喷胸胀满,声重}
傻站在那里,捂着脸哭了。

(陈杰:《大染坊》,山东文艺出版社 2003 年 7 月版)

练习篇

鬼秘图（节选）
东方明月

朗诵提示：惊悚恐怖的基调。朗读重点在把握人物语言的语气变化：疑惑——惊喜——惊恐——自我安慰。

咚的一声闷响。我脑子里好像有什么东西一闪，接着消失了。

路劫去摆弄那些文物，一边弄一边絮叨。我偏着半个脑袋，一直在寻找那种感觉，到底是什么东西？皮包？

路劫道："你怎么了老牛？中邪啦？咱们可发了！"

我恍然惊悟道："不对！老路！不对呀！"

路劫见我惊慌，连忙起身道："怎么了？什么不对？"

我道："声音不对！"

路劫道："什么声音不对？我看你是被钱吓晕了。"

我蹲下，凝视着路劫的眼睛："皮包下面……好像还有东西！"

路劫大喜："真的？我的妈呀！真是老天爷可怜咱们了。"言毕抽身出去，拣起皮包，左看右看，可就是看不出来有什么名堂。

路劫又道："老牛啊，这皮包里没什么了啊。你是不是想钱想疯了，那些古董够我们吃喝不尽了，你还想有什么奇迹？"

我道："老路，如果我没猜错的话，这几个只是小玩意，真正的大秘密，应该在皮包里。"

"嗨！给给给，能有什么大秘密啊，一个破皮包！"路劫随手扔给我。接过皮包，我仔细看了一遍，仍是没发现什么。可是刚刚扔出去的时候，我听到的那种闷声，只有一些皮东西能发出这种声来。过去曾听邻居的老人们说过，动物的皮不能作成大包，说不吉利。我觉得，原因不是不吉利，是不保险。一些传说不能不信，也不能全信，刚刚那声音已经告诉我，这皮包是动物皮做的！我拿手电往里照。

路劫道："这些古董已经够我们兄弟吃喝一阵子，你还做什么梦啊，这皮能是貂皮呀！来，帮我看看这碗。"

我道："老路，放大镜给我！"

路劫道："真是的，没看我忙着呢！"随手把放大镜递给我。我用放大镜仔细一照，皮包的内侧竟然刻满了地图。很微小，大概是房子的光线弱，隐约可以看清楚。

我忙把路劫叫了过来："老路。这是张地图！藏宝图！"

路劫把头伸进皮包里，看了一眼，大吼了一声："真的！妈呀我发了！"

我和路劫两人拿着手电，把个皮包前前后后都寻了个遍，除了一些仿佛地图的纹络以外，什么也没找到。真泄气！

路劫用水果刀把皮包割开，只剩下一张大皮，悬起来还真吓人，离远了看，就像一张人皮！

路劫道："老牛，这……这怎么像是人皮啊！"路劫说话，吓得声音都变了。

我给他壮胆道："没啥。不就是张猴子皮吗？有什么大惊小怪的？"

路劫伸手擦汗道："哦，原来是猴子的，看起来真他妈像人皮，可吓死我了。"言毕又伸手捏捏，确认是很多年以前的皮，也不害怕了，胆子大了一圈："是人皮又咋地，咱又没杀人，何况这是猴子皮。"

我道："咱别管它是什么皮，先看看这张地图再说。"我总觉得这是人皮作成的地图，姑且叫它人皮地图，是不是人皮这是后话。我把人皮地图撩起来，轻轻挂在墙边的大树上："好了老路，咱兄弟先吃饭，等晚上再琢磨吧。"

我们二人到外面馆子里大吃了一顿，把能花的钱基本上花光了。反正是有古董，等有时间了，找个行家一看，找个大老板一卖，这一沓沓的人头团结票子可都来了，越想越高兴，直至喝得东倒西歪方才罢休。两人摇摇晃晃走出饭馆，说说笑笑，路上已是没有行人，路灯也早已熄灭，空旷的马路上只有喝得酩酊大醉的我和路劫。

你的肩膀上有蜻蜓吗？

梦回听雨

朗诵提示：节奏舒缓、平实，不失深情地讲述。忧伤的语气。

一个祥和而美丽的小镇上，有一对非常相爱的男女，他们常常相依在山顶望日出，相偎在海边送夕阳，见过他们的人们都不禁会送出羡慕的目光和祝福的祈祷。

可是有一天女人不幸受了重伤，她躺在医院的病床上几天几夜都没醒来过。白天男人就守在床前不停地呼唤着毫无知觉的爱人，晚上他就跑到镇上的小教堂里祈祷上帝，他几乎快哭干了自己的眼泪。

一个星期过去了，女人依然如故地昏睡着，而男人早已变得憔悴不堪了，但他仍然在苦苦地支撑着。终于有一天，上帝被这个痴情而执著的男人感动了，于是他决定给这男人一个例外。

上帝问他："你真的愿意用自己的生命来交换吗？"

男人毫不犹豫地回答："是的。"

上帝说:"那好吧,我可以让你的爱人很快就好起来,但是你要答应化做三年的蜻蜓,这样的交换你也愿意吗?"

男人听了激动而坚定地回答道:"我愿意!"//⑬

天亮了,男人已经变成了一只美丽的蜻蜓,他告别了上帝便匆匆地赶回了医院。结果那女人真的醒

⑬ 注意层次的把握,体现故事的发展脉络。

了,而且她还正在跟一位医生交谈着什么,可惜他没办法听到。因为他无法飞进那间屋子,他只能隔着玻璃窗远远地望着自己心爱的人。

几天后女人便康复出院了,但是她并不快乐,她向每个路人打听男人的下落,但没人知道男人究竟去了哪。女人整天不食不休地寻找着,她是多么地思念着他,多么地想见到他。然而早已变成蜻蜓的男人每时每刻都围绕在她身边,只是他不会呼喊,不会拥抱,他只能默默地承受着她的视而不见。

夏天结束了,凉凉的风吹落了树叶,蜻蜓不得不离开这里了。于是他最后一次飞落到女人的肩膀上,他想用自己轻薄的翅膀抚摸她的脸,用细小的嘴来亲吻她的额头。然而他纤弱的身体实在不足以让她领悟到什么,一阵悲伤的哭泣声也只有蜻蜓自己听得见,他只好恋恋不舍地告别了爱人,飞向了远方。

第二年的春天,蜻蜓迫不及待地飞回来寻找自己的爱人,然而熟悉的身影边竟站了一个帅帅的男人。刹那间,蜻蜓几乎快从半空中坠落下来,他实在不敢相信自己的眼睛,更不敢相信人们口中的谈论。人们讲述着圣诞节时女人病得有多严重,描述着慕生有多么的善良可爱,还描述说他们的爱情有多么理所当然,当然也描述了女人已经快乐如从前……蜻蜓伤心极了,接下来的几天,他常常会看到自己的爱人和那个男人到山上看日出、在海边送日落。曾经属于自己的一切,现在主角却换成了另一个男人,而他自己除了偶尔能停落在她的肩膀上以外,什么都不能去改变了。

这一年的夏天特别长,蜻蜓每天痛苦地低飞着,他已经再没有勇气接近自己的爱人。她和那个男人之间的喃喃细语,她和他快乐的笑声都足以令自己窒息死去,于是在夏天还没结束之前,蜻蜓便早早地飞走了。

花开花落,花落又花开,对于这只蜻蜓来说,时间似乎只意味着这些。第三年的夏天,蜻蜓已经不再常常去看望自己的爱人了,因为他的爱人轻拥着那个男人的肩,轻吻着那个男人的脸,根本就没有时间去留意一只心碎的蜻蜓,更没有心情去怀念过去。

上帝与蜻蜓约定的三年很快要结束了,就在最后的一天,蜻蜓的爱人跟那个男人举行了婚礼。小教堂里坐满了人,蜻蜓悄悄地飞了进去,轻落到上帝的肩膀上,他听着下面的爱人对上帝发誓说:我愿意!他看着爱人把戒指戴到那个男人手上,然后看着他们甜蜜地亲吻着,蜻蜓流下了伤心的眼泪!

上帝心酸地叹息着:"你后悔了吗?"

蜻蜓擦干了泪:"没有。"

上帝又带着一丝愉悦地说:"明天你就可以做回你自己了。"

蜻蜓摇了摇头:"就让我做一辈子的蜻蜓吧……"

有些失去是注定的,有些缘分是永远不会有结果的,爱一个人不一定要拥有,但拥有一个人就一定要去好好地爱她。

你的肩膀上有蜻蜓吗?⑭

⑭ 结尾充满启示、提醒人们珍惜身边的爱。

(文学博客网)

大小通吃
〔印度尼西亚〕林万里

朗诵提示:全文充满讽刺意味。朗诵时侧重把握文章开篇对 A、B、C 三位病人的描述,充满对比。

上午,诊室的门铃响了两下。我就知道看病的人来了。我一开诊室的门,就看到诊室里坐着三个人。左边的长板凳上坐着两位年龄大约都在四十上下的女人。其中一位愁容满面、散发不梳、身披牛仔夹克,我暂时称她为 A;另一位呆头傻脑、眼屎未除,颈项上缚一条灰色围巾,我姑且叫她为 B。这两位污垢满脸的女人,从她们邋遢的样子,一眼就能看出是病魔缠身的人。她们的对面,右边的铁椅上坐着一位明眸皓齿的红装女人。衣裙、嘴唇和指甲全是红红的,光彩夺目。看上去三十岁左右,端庄、秀气、俏丽。我敢断定地说,这种女人肯定人见人爱。她不像是有病的人。凭经验我心里猜想,她八成是陪送 A、B 来的。人们常说宁可做导演,不要做医生。因为导演是对着漂亮美丽的明星;而医生是对着愁眉苦脸的病人。今早我可走好运了,总算对着一位美丽的女人。她比明星还要明星。我注视着她,心里美滋滋的,十分舒坦。医生和常人一样都喜欢欣赏美的东西。

"医生,早安。"

一见到我立在门旁,那一位"全是红红的"便开口说。她不但人长得妩媚,声音也十分悦耳。说了"早安"以后,她转过头对着 A、B 说:"你们两位先看吧,你们一起进去吧。"

回头又对我说:"医生,她们是我亲戚。先给他们看吧,她们都病得不轻。等下轮到我,诊费跟我的一起算,由我来付。"

瞧,这美丽的女人,心地多好!A、B 进来了,我心不在焉地给她们检查一下,发现 A 是患了流行性感冒,B 是吃错东西拉肚子。我给她们各打了一针并配了药方。前后不到几分钟就解决了 A、B 的问题。她们似乎发现我给她们看病时的心猿意马,也发觉我是要尽快地把她们打发走。老实说这时候我脑海里想的是在候诊室正在候诊的那位"全是红红的"。好让她快点进来,好让我好好欣赏。当我开门把 A、B 送走,正要招呼那位"全是红红的"的时候,发现我的候诊室里空无一人。开始以为她上厕所去了。这时厕所的门敞开着,证明里头无人。我走去巡查,里头空空如也。我便问 A:"你们的亲戚怎么还没看病就不见人影了?"

"什么我亲戚?我根本不认识她。刚才在你这里初次见面。"

A 不悦地回答道。

"那么你们两位是亲戚吗?"我指着 A、B 问道。

"我们三个人,谁都不认识谁。怎么会是亲戚呢!"B 答道。

"你们跟她是亲戚或者不是,都不要紧。她不想给我看也没关系。她走了。那么诊费你们自己付好了。每人一万五千盾。"

"诊费我们已经付了。"

A、B 异口同声地答道。

B:"是什么时候付给我的?"

"不是付给你。我们已经付给她了。"A 答道。

"你们为什么要付给她?"

"刚才我们等你看病的时候。她走进来,问我们在这里看病,一次要付多少钱,我说看一次要一万五千盾。她说这里的医生是她爸爸的好朋友。她要我们省钱,要我们假认是她亲戚。诊费有折扣。说我们每个人交给她一万盾就够了。我们心里想这个人真好,帮我们每人省五千盾,我们就把钱赶快给她了。"

"你们就相信了她的话,钱就给她了?"

"是呀!她还说,一个人看病跟三个人一起看病,收费应该不同。就像批发价钱跟零售价钱不同是一样的道理。刚才你也听到了,诊费全部由她来付。"

我听了挠挠头,无可奈何对 A、B 说:"你们可以走了。因为你们都付了诊费。"

好家伙,大小通吃。⑮

⑮ 结尾谜底揭晓,讽刺医生以貌取人的下场。

(百度文库)

老同学

王凤博

朗诵提示: 两个三十年没有见面的老同学在街上偶遇,几句寒暄打开了他们记忆的闸门,同时也唤起了他们对尴尬的"偷钢笔"事件的记忆。朗读时注意把握故事情节的发展脉络。

那晚小城的街道很冷清。

我漫无目的地开着出租车，酸涩的眼睛寻找着每一个可能打车的人。路过一个饭店门口时，终于有一个胖子向我招手。停下车，我发现竟然是杜军。

杜军是我初中同学，在校时为人小气，爱贪小便宜，橡皮、墨汁之类向来是借着用。同学们都讨厌他，躲着他。作为同桌的我对他更是反感。一次，我新买的一支钢笔怎么也找不到了，便怀疑是杜军偷了去，在班长的主持下，竟真的在他书包里翻了出来。杜军嘴硬，愣说那钢笔是他自己的。同学们当即把他送到学校教导处，他从此再也没来上学。毕业后每年的同学聚会，也没人愿意通知他。近几年听说他搞废品收购成了暴发户，我却对此颇为不屑。

杜军上车后也认出了我，似乎有瞬间的尴尬，继而又有些兴奋。

我们寒暄着，有意回避着当年的话题。他感叹："时间过得真快，一晃就是三十年。"

我也说："是啊，那时我们上初中，现在孩子都高中毕业了。"

"你的孩子今年高考咋样？"杜军问。

我不无炫耀地说："小子高考发挥得不好，只考了个二本。"

"哦，教子有方啊！"杜军的话里充满了羡慕，"学费要不少吧？听说你现在是自己一个人带孩子，有什么事找我啊。"

他的话刺到我的痛处。前天，争气的儿子捧回了大学录取通知书，可他这不争气的爹却高兴不起来。自己下岗、离婚，东挪西借凑钱买了个出租车，干上后才知道是个赔本赚吃喝的买卖。现在，再向谁去借钱给儿子交学费？

"不用，学费已经够了。"作为一个男人，总要有些尊严的，我尤其不能在他面前跌份儿。再说，他也就说说罢了。凭他的性格，如果我真向他借钱，只能是大家都难堪。

把杜军送到他家楼下时已是半夜。杜军做出要掏钱包的样子："你跑出租不容易，我不能赚你便宜。"

"老同学，别太小看我了。"我极为平淡地说，然后潇洒地挥了挥手，"再见，以后用车打我电话。"

一晚上没有活，最后还拉了个没法收钱的。我心里一边暗念倒霉，一边开车回家。没走出多远，手机响了起来，是杜军打过来的："喂，没到家吧，还得麻烦你送我一趟，我把东西落饭店了。"我后悔刚才把号码留给杜军，他这爱贪小便宜的毛病看来还没有改。

接上杜军，我一脸漠然地开着车，却在后视镜里看到杜军不停地在后座上摸摸这儿，捏捏那儿。我忍不住问："找什么？"

"啊，打火机。"

打火机？回答令我吃惊。难道他让我开车跑这么远就为了找他的打火机？如果还是在上初中的时候，我定会把他轰下车。这不涮我吗？！我的油钱也够买好几个打火机的了,真是越有钱越抠门!我不无嘲讽地问:"是不是饭店赠送的那种一次性的?"

他显然听出了我的话外之音,有点难为情:"是个质量很好的打火机。"然后不说话了。

直到从饭店返回杜军家楼下,我都没再和杜军说一句话。倒是杜军下车后还反复叮嘱:"回去后一定再好好找找车上!"我在心里又一阵暗骂。

停好车后,我打开驾驶室顶灯,想找到那可恶的打火机然后把它远远地丢掉。当我打开驾驶室后门的时候,却意外地发现一个信封躺在坐椅下面,拿起来,里面竟是厚厚的一摞百元大钞。我立时血往上撞:这个家伙,他原来是丢了钱,怕我捡到不给他,便骗我开车回去,以便他自己到车上找!如果他对我有起码的信任,也该给我打个电话,让我找到后送给他。他把我看成了什么人?!

我气愤地发动起车,准备立即给他送回去,可一个念头很快闪现出来:既然杜军让我带他去酒店,说明他不能确定钱丢在哪儿。他那么不信任我,我干吗还对他那么实在?这些钱不是正好可以救急,圆孩子的大学梦?

我快步走回家,双手颤抖着打开信封,抽出那摞百元大钞,一个纸片掉了出来,上面的字一个个跃入眼帘:"老同学:这点钱算借给你,再困难也要供应孩子上学。以后同学聚会时请记着叫上我。另外,那支钢笔确实是我自己的。"

我的脸突然火烧火燎般地疼。其实我早已知道那钢笔是他自己的,因为第二天我就在家中找到了自己的钢笔,只是为了自己的面子,没对任何人说。⑯

⑯ 结局与情节的开始出乎意料,与读者的阅读期待造成了强烈的反差,从而警醒人们要敢于直面自己内心的弱点。

(《短小说》2008年第12期)

与孔雀说话(节选)

王芸

朗诵提示:这段节选通过对老人梦境、动作的一系列细致入微的描写,表现了老人孤寂的真实心态。

老顾六点不到就醒了,睁开眼睛,捂着胸口,半天没动弹。

儿子回来了,带回来一个硕大的白羽毛斗篷。他问,这是干吗?儿子像没听见,脸上泅出一层神秘的笑意,给他系上了白斗篷。然后,儿子牵着他的手一言不发地走到阳台上,一曲腿,一蹬地,他感觉有风丝丝缕缕地吹过发端、眉梢、脸际,衣服鼓张开来,低头一看,双脚离地好几米了。他和儿子往前飞啊飞,脖子上的系绳越勒越紧,他的呼吸渐渐急促,哑着嗓子喊浩浩、浩浩。儿子慢镜头似的回过头,满脸惊怔的表情,突然奋力挣开他的手。他向下坠去,在空中夸张地舞动四肢,下坠越来越快,越来越快。"咚"的一下,他感觉眼前一片黑暗。再睁开眼睛,人躺在床上,天微亮了。⑰

老顾不知道这样的梦寓意什么。待惊悸过去,他缓慢起身,身子沉重。屋里的一切呈暗灰色,墙面稍亮,也蒙了一层灰白。

> ⑰ 紧张的节奏,体现梦境的压抑和惊悸。

洗把脸,老顾感觉清爽了几分,套上白棉绸衣裤,左手拎上布袋,右手提两把用丝绸袋套着的长刀,红绸飘飘地出了门。

三月的风还凉,将棉绸衣裤吹贴在老顾身上。他再次想起了梦,被风吹得簌簌作响的白羽毛斗篷。上周六儿子来电话,说清明回不来,争取"五·一"回家,还让他多给妈烧点纸上炷香。去年清明也是这样。老顾心里沉一下,"嗯"一声说忙是好事,你们要注意身体。

女儿在国外,想回也回不了。挂了电话,老顾从抽屉里翻出照片。老伴老于细致,一张张照片过了塑,不管怎么捏揉,都挺括括的。

迎面走来一个老太太,老顾觉着眼熟,赶紧将帽檐压低,拐到街边花坛的另一侧,脚下频率加快了。到公园门口,鼻尖、后背渗了一层汗,帽子里也热气腾腾的,老顾拿老年证冲守门的老头晃一下,余光瞥到老头,老头没作反应。

帽子是老顾一天无意中逛到花鸟鱼虫市场,在地摊上买的。白色帽身,帽嘴上有一行英文字母SPORT。一次孙子回来看了,大声念"斯破特",他问啥意思,孙子大声说运动——斯破特——运动。回家戴上帽子,老顾冲镜子里骤然陌生的自己露出了无声的笑容。从那以后,这顶花七块钱买的帽子粘在了老顾的头上。帽檐有一处虚了边,后面的塑料按扣儿也松了,可老顾舍不得丢。

大门右侧的灯光球场是晨舞场,放着《毕业生》的音乐,透过铁栏杆看得见一对对舞伴在场上飞旋。往里走,看见不少晨练的人,有的绕着湖边跑步,有的在山坡上做徒手操,有的在空地上练太极拳,有的冲着大树"呀呀嚯嚯"练气功。老顾将帽檐压到眉尖下,半埋着头往里走。

走到纪念碑前,老顾停下来,将帽檐往上抬一抬,视线霎时亮阔几分。这里有一片杉树林,下面是一带蜿蜒而过的湖水。老顾走到一棵纤瘦的杉树边,树下有块石头。这里是他的地盘。

丝绸袋取下来搁到石头上,抖一抖手中的两把刀,晨曦水波一样泼溅在刀面上,老顾一瞬间迷了眼。他眨眨眼睛,再睁开来,五官像被晨曦洗过一样,泛出些微光泽。

(《小说选刊》2009 年 01 期)

我们仨（节选）

杨绛

朗诵提示：朗读时，语气朴实真挚、娓娓道来、饱含温情。

有一晚，我做了一个梦。我和钟书一同散步，说说笑笑，走到了不知什么地方。太阳已经下山，黄昏薄暮，苍苍茫茫中，忽然钟书不见了。我四顾寻找，不见他的影踪。我喊他，没人应。

只我一人，站在荒郊野地里，钟书不知到哪里去了。我大声呼喊，连名带姓地喊。喊声落在旷野里，好像给吞吃了似的，没留下一点依稀仿佛的音响。彻底的寂静，给沉沉夜色增添了分量，也加深了我的孤凄。往前看去，是一层深似一层的昏暗。我脚下是一条沙土路，旁边有林木，有潺潺流水，看不清楚溪流有多么宽广。向后看去，好像是连片的屋宇房舍，是有人烟的去处，但不见灯火，想必相离很远了。钟书自顾自先回家了吗？我也得回家呀。我正待寻觅归路，忽见一个老人拉着一辆空的黄包车，忙拦住他。他倒也停了车。可是我怎么也说不出要到哪里去，惶急中忽然醒了。钟书在我旁边的床上睡得正酣呢。

我转侧了半夜等钟书醒来，就告诉他我做了一个梦，如此这般，于是埋怨他怎么一声不响地撇下我自顾自走了。钟书并不为我梦中的他辩护，只安慰我说：那是老人的梦，他也常做。

是的，这类的梦我又做过多次，梦境不同而情味总相似。往往是我们两人从一个地方出来，他一晃眼不见了。我到处问询，无人理我。我或是来回寻找，走入一连串的死胡同，或独在昏暗的车站等车，等那末一班车，车也总不来。梦中凄凄惶惶，好像只要能找到他，就能一同回家。

钟书大概是记着我的埋怨，叫我做了一个长达万里的梦。

（杨绛：《我们仨》，生活·读书·新知三联书店2003年7月版）

红色童话（节选）

王小平

苏五月又闯祸了。她给楼上蔡圆圆的小弟胖三儿灌了小半茶缸子家里烧鱼用的绍兴黄酒，结果，坐在外交部宿舍大院儿的马路两旁乘凉的老老少少都看到了那幕好戏——一个白生生的胖小子四肢并用在被夕阳晒得滚烫的柏油马路中间爬行，跌跌撞撞，两爬一倒，开裆裤中间裸露出来的屁股隆起，像削了半边皮的苹果一样滚圆。从那遗留在柏油路面上的蜿蜒的湿漉漉的痕迹看,他正一路断断续续地爬着,一路断断续续地撒着尿。⑱

> ⑱ 小说主人公苏五月,捣蛋,傻大胆,从来不会委屈自己,脑子里的念头一个比一个古怪。此段描写在朗诵时,语气俏皮、节奏轻快、活泼,突出人物形象的生动。

两旁看热闹的人们掩口大骇,那胖三儿本是个挺讨喜的小小子,去年秋天已经学会了走路,现在怎么突然退化到了连周口店猿人都不如的模样。再看胖三儿那张脏兮兮的小脸儿,似睡非睡的眼睛,晶莹的鼻涕和哈喇子一直流淌到下巴上,却是一副幸福得昏天黑地的表情。

追究罪魁祸首并不困难,很快苏五月就被胖三儿的奶奶提溜着耳朵送还到家里。于是,苏五月被关进了专属于她的"小黑屋"。

苏五月在厕所里闷了半个小时,既没有像往常那样哼哼唧唧,也没有跺脚踢门大声抱怨。苏五月的安静让姥爷捧着报纸读不下去。他难免生疑,琢磨外孙女是不是失足掉到抽水马桶里去了。

姥姥奉姥爷之命去探看。推开厕所的门,却见苏五月正愕然站在马桶盖上,两个眼珠子瞪得桂圆核似的,自来水滴滴答答地顺着胳膊肘往脚面上流,水门汀地面弯弯曲曲开了小河。

姥姥一把将苏五月从马桶盖上揪下来。小祖宗啊,我的小祖宗!

苏五月显得不知所措。怎么啦,怎么啦我?

姥姥提溜着苏五月的胳膊寻思该把什么样的信息反馈给自己的先生。外孙女很安全,并没有跌进马桶,但水箱里的皮球和气塞都被苏五月一一拆下来把玩过了,并且装不回去了。

苏五月就是这么不同凡响。

苏五月从小就是个不同凡响的孩子。

据妈妈说,苏五月生下来就喜欢喝牛奶,而且从来不过敏。没学走就会跑了。还不到两岁已经知道把姥爷读报纸的眼镜片用榔头敲碎,并且将罪证藏匿在沙发后面。

在邻居们的印象中,苏五月即使没有她妈妈想象得那么出众,至少也是个吸引人眼球的目标。她猴儿一样的小尖脸,小鼻子小眼儿,一头碎黄毛儿,领着十几个孩子在外交部宿舍大院儿的操场上尽情撒野,简直就是个小猴精。邻居们不由叹息,没爹管的孩子就是可怜。瞧苏蓉家的那个小丫头,跟洼地里的野蒿子似的,已经长疯了。

苏五月最恨大人们在背后鬼鬼祟祟。大人们长得那么大,心也就变得很阴险。她更恨他们在背后嘀咕她爸爸妈妈的事。苏五月的爸爸妈妈离婚了。怎么啦,他们愿意。虽然离婚这两个字让苏五月有点儿想不通,但再想不通也是自己心里别扭,轮不到别人乱嚼舌头!所以,她偏偏要干出一些骇人听闻的事。她的撒野算是对那些烂舌头的报复。

(王小平:《红色童话》,上海文艺出版社 2006 年 1 月版)

我的团长我的团(节选)

兰晓龙

朗诵提示：朗诵时注意把握内心独白的语气特点。这段内心独白是主人公对童年的回忆，充满讽刺意味。从而体现出"我"的性格特点。

我在二十世纪二十年代挥霍掉我的童年，就如你们在六十、七十、八十甚至九十年代挥霍掉你们的童年。我的童年并不绚丽多彩，它比皮影戏先进，而更像我第一次看到便让我目瞪口呆的默片，它以十六格一秒的速率放映，人们在上边用动作表情和插入的字幕表现他们的悲喜。在这样的世界里全无皮影戏里的喧哗，只有机械运转的咝咝声，在这样的世界里人如发条上得过足的木偶，一举一动中永远缺少现实中的圆润——但这就是我的童年。因为我有一个禁止他人聒噪只许自己出声的父亲，我的父亲这样做，因为他也身在一个禁止他人聒噪，只许自己出声的时代。

在我的记忆中，童年的那幅默片是这样的：

发条上足的木偶之一——我的父亲在房间里忙碌，拿过来锤子叮叮当当，拿过来起子叮叮当当，拿过来钳子叮叮当当，这一切叮叮当当都是无声的。而他忙碌的主要目标是一具由钢丝吊在单轨架上的金属撞球，这玩意儿理论上在反复撞击中可以一直撞击下去，他试图把它联动上一具本该由发条驱动的八音盒，以证明上述的那个理论。这是个很复杂的工序，但我父亲擅长让一切复杂起来。

我那时候五岁，是二十年代中产阶级人家的孩子，那时候家境还可以，我被包裹得像个小地主崽子，但有一颗比长工家孩子更加颤栗的心，我捏着我的手指，看着。

如果按照默片程序，加入字幕，便是这样的：画面一下全黑，黑底的白字唰唰地闪烁：

五岁那年，父亲想发明永动机。

父亲在忙碌，螺丝跳起，弹簧飞出，工具掉地，零件散落，因为复杂，它在父亲心中是伟大的事情。而永动机——那是一种无需牺牲质量就能获取能源的发动机，从做出来后就永远在制造能源，好叫抓着质量守恒定律的洋人买块中国豆腐撞死。这是父亲的狂想，父亲一生中想做的事。

父亲忙了，于是我的默片忽然有了声音，这声音是八音盒的音乐，因为它自一片放映机轻微的机器噪音中诞生，所以像沙漠中的甘泉一样可贵。哦，我那时候可还不知道忍饥挨渴是什么滋味，所以，它更像我自童年便在期盼的神仙的声音，西王母的三只青鸟叼来了所有我想要而不敢开口的东西，周穆王的八骏之乘在我家扶摇九万里——我才不管我家够不够它们扶摇九万里呢，我五岁。

父亲也在对着他的造物满意地微笑，并且转了头，把这种微笑赐予了一向对他畏大

于敬的我,在这部默片的字幕上他说的话字字放射光芒:

给你做的。

我终于可以展开一个五岁孩子应有的表情了,但是音乐毫无前兆地停住,就像它毫无前兆地响。父亲的造物被我指着:没了。

父亲发着呆,父亲在我的记忆里被定了格,一个盲目自负的人遭遇到失败时的那种表情。然后锤头飞起,锤头砸下,永远机成零碎,零碎飞起,零碎落下。我吓到了,我也定了格,一个永远会凝固在脸上,受惊失望到有点儿狰狞的表情。

从此后这个表情伴我长存。

(兰晓龙:《我的团长我的团》,新星出版社2009年1月版)

泸沽湖的诱惑(节选)

松鹰

朗诵提示:此段节选在朗诵中侧重景物描写,朗读时充分展开情景再现,展现清晨泸沽湖畔的美人美景。节奏舒缓,语气轻松略带新奇。

次日拂晓,我第一个醒来。

悄悄推开小店木屋的后门,看见一片向湖边倾斜的包谷地。薄雾笼罩着,轻纱似的。同样是雾,这里和成都川西坝子不同。川西坝子的雾像一层棉絮,浮在上面;泸沽湖的雾是飘逸的,淡淡的。包谷地的尽头,雾霭之中静静地卧着一个村寨。

怀着一种好奇的心情,我穿过刚刚吐苗的包谷地,向湖边的下村寻去。早晨的田野显得格外清新。空气中浮动着一种诱人的香气。远处的湖面映着曙红的晨曦,波光粼粼。

小路上,两个摩梭女孩子从雾中走来,先是身影,待走近些才看清容貌。她们穿着百褶裙,肩上挎着背篓,体态健美,步履轻盈。她们认出我是外来人,远远地投来关注的目光。两人从我身旁擦肩而过,也不招呼,只是报以友善的一笑。那是一种只有摩梭少女才有的极有魅力的微笑。从她们身上散发出一种植物和动物的香味,浑然一体。真是奇特的种族,奇特的女性。我不禁想,大自然对摩梭族的恩赐和厚爱,有什么报偿?她们的爱情观又会是怎样的呢……

到包谷地尽头,翻过一堵土墙,就是湖畔。沿湖长着一溜参天的杨树。四周出奇的静谧。只听见湖水在轻轻拍岸。湖边泊着几条独木舟,两三只白鸡悠闲地在沙滩上觅食。风吹动着树叶,让人体味到一种宁静的美。

我顿时感觉到一种许久以来没有过的轻快,仿佛从沉重的罗网中突然得到解脱。郁积在胸的那些烦恼、阴霾,都被冲淡了。

沿着湖边信步朝寨子里走去。也许这时正是男阿夏回家的时刻,碰巧的话可以一睹他们"走婚"的风采。

西谚说:第一个遇见的人是朋友。在寨子里我第一个遇见的却是一位摩梭女郎,肤色黑红,正用桶在湖边一个小坑里汲水。这种小坑,每家门前对着湖畔的地方都有一个,里面的水经过沙过滤后很清澈。她看来有二十一二岁,穿着紧身的衣衫,身体的线条透着青春的气息。我走上前,小心地搭讪道:"请问这里是泸沽湖下村吧?"她抬起头来,好奇地打量了我一眼。这一刻我才发觉她的美丽令人惊叹。这是一种略带野性的美,光洁润泽的肤色,一双清澈的眸子闪闪发亮,摄人心魄。(娟娟也有这样一对眸子,但已经不属于我了!)她露齿一笑,并不答话,提着水匆匆回院子去了。

摩梭人居住的房屋都是圆木垒建的,这种建筑又叫木楞房,用圆木去皮垒架而成,房基垫着大石块。临湖是一排木楞高墙,院子的大门朝左开着。我不自觉地朝门里窥望了一下,却什么也没有瞧见。那矜持的摩梭姑娘就像忽然消失了。

雾渐渐散去。天光明亮。我踩着湖畔的细沙往前走去。湖边可以见到汲水的摩梭妇女,还有几个站在独木舟里用湖水洗脸的小孩,满脸天真的神态。然而"走婚"的摩梭男人,却一个也没有发现。真让人扫兴。

(《十月》)

搬家
〔印度尼西亚〕阿蕉

朗诵提示: 故事短小却充满了讽刺意味,把马太太的世俗嘴脸表现得淋漓尽致。朗诵中注意马太太几次话语中语气的变化,从平静→不耐→气愤→犹豫→佯装、言不由衷。

马先生十年内搬了五次家。每次搬家总要忙上几个星期,很觉得是件苦事。租金年年上涨,一家人只好从大街搬到小巷,从砖屋搬到木屋。房子越搬越远,越搬越小。一家五口省吃俭用,期望有朝一日有个自己的家。后来马先生终于买了一幢房子,十年分期付款。为了应付首期,马太太变卖了所有首饰,马先生约了一份人情会,外加东凑西借,算是渡过了这一难关。

"这该是最后一次搬家了。"

马太太说:"不用的旧物统统扔了吧。搬来搬去,塞得家里满满的,最后还不是成了废物。"

马先生觉得有理。两口子便把要搬走的物件集中在右边,把准备丢弃的杂物堆积在左边。才半日时光,两边越积越高。每次搬家总会觉得,人实在是可笑的动物,该用的东西长年尘封舍不得用,没用的废物长期保存着舍不得抛弃,宁愿一生背着两个大包袱。

一些破椅子、烂褥子、漏水的厨房用具全部集中在左边,准备丢弃了。

"这里有一箱妈生前的衣服,怎么处理?"马先生打开一个箱子,说道。那是马老太太八年前去世的时候留下的。

"扔了!"马太太说,"我妈说呢,先人的遗物,别再搬到新家去。什么事都要图个吉利。你在公司干了这么多年没升职,谁知道跟这些物事有关呢。"

"瞧,还有一盒旧照片和信件,也是妈留下的。保存着吧?"马先生又问道。

"都扔了!我们又不是名人显贵,那种东西越旧越卖钱。"

马先生于是把手里的东西抛到左边去。

"这箱子里还有妈生前用的假牙。"

马先生从箱子里捡出一副假牙来。

"扔了!"马太太气愤地说。马先生正想往左边一丢,但见金光一闪,便咦了一声道:"是金牙呢。"

"什么?"马太太直起身来,从马先生手里抢过金牙,在手里掂了一下。

"扔了么?"马先生又问道。

"不知道是全金还是镀金的。"

马太太答非所问,接着把它搁在身旁的桌面上。忙了一阵,马太太用眼角瞟了马先生一眼,然后伸了个懒腰,说道:"累死了,还是休息一会儿吧。"

说着走进房间,顺手将桌面上的金牙塞进衣袋里。

(东子文摘网)

致　谢

好的朗读作品必然离不开优秀的文字基础。是那么多,或灵动而富有诗意、或轻捷而引人深思的文字,给我们提供了二度创作的可能,也使得有声语言表达更具魅力。在此,向书中所引用到的所有文稿的作者表示感谢,感谢你们用文字构筑出的诸多精彩,让我们遨游其中,受益无穷!

感谢为本书默默付出的各位同学,中华女子学院2007级播音艺术专业的学生们,在学习之余帮助搜集文稿,精挑细选,我相信每一篇文稿的选择都带着他们的思考和体会,细致而认真。

特别感谢中华女子学院2007级播音艺术专业王艳婷同学和2008级郭静同学,从最初的文字搜集到文本的整理,她们都付出了极大的努力。我同样相信,这份付出也源于一种热爱,是对文字的热爱点燃了她们对播音艺术的激情。那么,也感谢这样的热爱和激情!

最后,感谢以下同学,为本书部分文稿做朗读示范:

散文录音(6篇):

曲目01　谈生命/3　　　　　　　　　　朗读者:郭　静
曲目02　孝心无价(毕淑敏)/5　　　　　朗读者:王艳婷
曲目03　梦里雪山/8　　　　　　　　　 朗读者:龚　洁
曲目04　只因风花雪月/10　　　　　　　朗读者:韩　啸
曲目05　寂寞是首心灵的歌/20　　　　　朗读者:韩　啸
曲目06　为了那盏温暖的灯(节选)/40　 朗读者:李满超

诗歌录音(3篇)

曲目07　在天晴了的时候/45　　　　　　朗读者:刘浩泉

曲目 08　母亲之歌/46　　　　　　　　朗读者：郭　静
曲目 09　多难兴邦/47　　　　　　　　朗读者：龚　洁

童话、寓言录音(4 篇)
　　曲目 10　爱丽丝梦游仙境(节选)/75　　朗读者：郭　蕾
　　曲目 11　冬天的风/75　　　　　　　朗读者：刘浩泉
　　曲目 12　乌鸦兄弟/87　　　　　　　朗读者：郭　蕾
　　曲目 13　一只"无用"的田鼠/87　　　朗读者：张　琪

小说演播录音(4 篇)
　　曲目 14　立春(节选)/101　　　　　　朗读者：郭　蕾
　　曲目 15　走出沙漠/103　　　　　　　朗读者：刘子华
　　曲目 16　鬼吹灯(节选)/106　　　　　朗读者：张宇辰
　　曲目 17　凡卡(节选)/111　　　　　　朗读者：郭　静

张洁　霍娘白
2011 年 1 月于北京

扫码获取在线上述朗读示范资源

图书在版编目(CIP)数据

朗读指导与作品精选/张洁,霍焜白编著.--北京:中国传媒大学出版社,2010.11(2023.3重印)
ISBN 978-7-5657-0111-5

Ⅰ.①朗… Ⅱ.①张… ②霍… Ⅲ.①朗诵—语言艺术 Ⅳ.①H019

中国版本图书馆 CIP 数据核字(2010)第 227503 号

朗读指导与作品精选
LANGDU ZHIDAO YU ZUOPIN JINGXUAN

编　　著	张　洁　霍焜白
责任编辑	刘大年　聂新兰
封面设计	风得信书籍装帧·阿东
责任印制	李志鹏
出版发行	中国传媒大学出版社
社　　址	北京市朝阳区定福庄东街 1 号　　邮　编　100024
电　　话	86-10-65450528　65450532　　传　真　65779405
网　　址	http://cucp.cuc.edu.cn
经　　销	全国新华书店
印　　刷	北京中科印刷有限公司
开　　本	787mm×1092mm　　1/16
印　　张	9.5
字　　数	154 千字
版　　次	2011 年 3 月第 1 版
印　　次	2023 年 3 月第 14 次印刷
书　　号	ISBN 978-7-5657-0111-5/H·0111　　定　价　32.00 元

本社法律顾问:北京嘉润律师事务所　郭建平